京津冀科技创新园区链构建模式与路径研究

李军凯 等 著

科学出版社
北京

内 容 简 介

本书是北京市科技计划项目——京津冀科技创新园区链构建路径和模式研究（Z181100006118007）的研究成果，是目前国内首部系统研究京津冀区域科技创新园区链建设的学术著作。本书对中关村京津冀科技创新园区链上的重点合作园区、典型协同创新项目进行了系统分析，总结了京津冀科技创新园区链构建的路径和模式，并分析比较了各种路径、模式的优势及存在的问题。本书对制约京津冀科技创新园区链建设的关键问题进行了专项研究，对国内外区域科技创新园区链建设的成功经验和不足之处进行了深入分析，提出了优化完善京津冀科技创新园区链的路径和模式建议。本书对于丰富区域科技创新园区链建设的理论研究，指导京津冀科技创新园区链建设的工作实践，特别是对雄安新区中关村科技园建设提出了创新思考，具有较强的学术价值和创新价值。

本书适合关心和从事京津冀协同发展及科技创新、科技园区与产业发展管理和研究工作的政府官员、高校师生、专家学者及企业人员阅读。

图书在版编目（CIP）数据

京津冀科技创新园区链构建模式与路径研究 / 李军凯等著. —北京：科学出版社，2020.8
ISBN 978-7-03-064745-0

Ⅰ. ①京⋯ Ⅱ. ①李⋯ Ⅲ. ①高技术园区-发展-研究-华北地区 Ⅳ. ①F127.2

中国版本图书馆 CIP 数据核字（2020）第 051373 号

责任编辑：马 跃 李 嘉 / 责任校对：王丹妮
责任印制：张 伟 / 封面设计：无极书装

科学出版社 出版
北京东黄城根北街 16 号
邮政编码：100717
http://www.sciencep.com

北京盛通商印快线网络科技有限公司 印刷
科学出版社发行 各地新华书店经销

*

2020 年 8 月第 一 版　开本：720×1000　B5
2020 年 11 月第二次印刷　印张：8 3/4
字数：172 000

定价：68.00 元
（如有印装质量问题，我社负责调换）

京津冀科技创新园区链构建模式与路径研究

课题组组长：

李军凯　北京科技战略决策咨询中心

课题组成员：（以姓氏笔画为序）

付锦睿　邢志勇　刘小溪　李　庆
李　杨　李天龙　李宇航　李慧宁
宋少俊　张开端　陆建洲　袁晨阳

序

习近平总书记在党的十九大报告中指出，创新是引领发展的第一动力，是建设现代化经济体系的战略支撑①。当前，疫情对全球经济的影响仍在持续，在保护主义上升、世界经济低迷、全球市场萎缩的外部环境下，国内经济形势仍然复杂严峻，不稳定性、不确定性依然比较大，要推动我国经济企稳向好发展，就要充分发挥国内超大规模市场优势，逐步形成以国内大循环为主体、国内国际双循环相互促进的新发展格局，提升产业链、供应链现代化水平，大力推动科技创新，加快关键核心技术攻关，打造未来发展新优势。

京津冀地区位于东北亚中国地区环渤海心脏地带，是中国的首都经济圈。该地区以全国 2.3% 的地域面积承载了 8% 的人口，创造了大约 10% 的经济总量，与长三角、珠三角比肩而立，是我国最富活力、开放程度最高、创新能力最强、吸纳人口最多的地区之一，是拉动中国经济发展的三大引擎之一。以高质量的科技供给集聚国内外创新资源和创新要素，带动经济结构变革，形成辐射带动全国乃至全球经济发展的引擎和战略高地，是京津冀高质量协同发展的共识和必须完成的时代使命。

在改革开放 40 多年的伟大进程中，我国各地逐步探索出以科技创新园区为载体的经济发展和产业升级调整的模式，特别是京津冀地区的中关村国家自主创新示范区构建了"一区十六园"的战略布局，在新的国家发展战略下，为经济增长、社会发展、要素流通、体制机制改革等方面的实践探索提供了丰富的经验和启示。京津冀协同发展战略实施以来，三地产业协同发展步入快车道，中关村科技园区充分发挥引领支撑和辐射带动作用，加快推动中关村科技园区在津冀两地的延伸和布局，积极构建政产学研用结合的跨京津冀科技创新园区链，逐步推动创新要素资源高效聚合，为北京建设全国科技创新中心和辐射周边、引领全国奠定了坚实基础。在京津冀地区，创新链、产业链、园区链正成为强有力的"三大

---

① 习近平. 决胜全面建成小康社会 夺取新时代中国特色社会主义伟大胜利——在中国共产党第十九次全国代表大会上的报告. 北京：人民出版社，2017：31.

链条",推动京津冀地区的协同发展与协同创新。

当前,在京津冀协同发展的理论研究中,关于京津冀产业协同发展和协同创新的研究非常繁荣,但系统研究京津冀区域科技创新园区链的科研论文和学术著作还较为鲜见。事实上,在京津冀协同发展的实践中,打造京津冀科技创新园区链具有重要的现实意义。首先,打造京津冀科技创新园区链是京津冀协同发展国家战略的紧迫需求,非首都功能的疏解、产业转型升级和区域创新驱动发展对三地打造京津冀科技创新园区链提出了新的更高要求;其次,打造京津冀科技创新园区链是建设雄安新区的重要途径,有利于推进要素市场一体化,有利于推进区域内资源存量的合理调整,有利于通过体制与机制创新破除政策洼地,有利于提升京津冀创新资源的协调能力和配置效率;最后,打造京津冀科技创新园区链是提升区域整体科技创新水平的重要举措,是破解京津冀协同创新在空间上的"断崖式分割"、打通区域间基础创新和应用转化的重要举措,是推进京津冀科技协同创新共同体建设的内在需求。

《京津冀科技创新园区链构建模式与路径研究》一书,聚焦京津冀科技创新园区链建设的实践策略,突出问题导向和政策导向,进行深入分析和综合研判,积极回应京津冀科技创新园区链发展中所面临的困境与挑战,具有较强的实践意义和理论意义。在研究过程中,课题组对目前京津冀科技创新园区链的发展现状开展了全面深入的调查研究,全面收集了相关数据和信息,充分掌握第一手资料;对京津冀科技创新园区链的发展模式和路径进行了总结、归纳和分析,认真挖掘科技创新园区链发展进程中出现的各种问题和障碍,深刻剖析,准确判断;围绕影响和制约京津冀科技创新园区链发展的重要因素、存在的突出矛盾和问题,提出了相应的对策建议。该书进一步丰富了科技创新领域供给侧结构性改革的理论与实践,深化了对区域科技创新园区链理论、区域协同发展理论的认识,对于推动我国区域科技创新园区链发展、提升区域协同发展研究水平都具有一定的理论和现实意义。衷心希望所有关心和从事京津冀协同发展及科技创新、科技园区管理与产业发展研究的读者能够阅读该书并从中受益。

中国科学院院士
发展中国家科学院院士
国家自然科学基金委员会副主任
2020 年 8 月 12 日

目 录

第一章 概论 ·· 1
  第一节 研究背景 ··· 2
  第二节 研究目的和意义 ·· 6
  第三节 研究思路与方法 ··· 11
  第四节 本章小结 ·· 13

第二章 科技创新园区链相关理论及影响因素 ······················· 15
  第一节 科技创新园区链相关概念界定 ···································· 15
  第二节 科技创新园区链的相关理论 ······································ 18
  第三节 科技创新园区链的影响因素 ······································ 23
  第四节 本章小结 ·· 27

第三章 京津冀科技创新园区链的建设现状 ·························· 29
  第一节 京津冀科技创新园区链建设与发展概况 ······················· 29
  第二节 京津冀科技创新园区链建设关键制约问题 ···················· 32
  第三节 本章小结 ·· 45

第四章 京津冀科技创新园区链典型案例、模式与路径 ·········· 47
  第一节 京津冀科技创新园区链建设重点合作园区 ···················· 47
  第二节 京津冀科技创新园区链建设典型协同创新项目 ·············· 56
  第三节 京津冀科技创新园区链发展模式 ································ 58
  第四节 京津冀科技创新园区链发展路径 ································ 66
  第五节 本章小结 ·· 72

第五章 国内外区域科技创新园区链建设的经验借鉴 ············· 74
  第一节 国外典型区域科技创新园区链的建设状况与发展模式 ······ 74
  第二节 国内典型区域创新科技园区链的建设模式与发展现状 ······ 82
  第三节 国内外科技创新园区链建设对京津冀地区的启示 ············ 86

  第四节　本章小结 ··· 88

第六章　完善京津冀科技创新园区链建设对策建议研究 ················ 90
  第一节　政策、资源、环境层面 ·· 90
  第二节　公共服务层面 ·· 96
  第三节　产业层面 ··· 99
  第四节　园区服务层面 ·· 101
  第五节　雄安新区园区链模式的创新思考 ······························ 104
  第六节　本章小结 ··· 108

第七章　研究总结与展望 ·· 111
  第一节　研究总结 ··· 111
  第二节　研究展望 ··· 115

附录 1　京津冀协同创新产业园区企业发展现状调研 ···················· 119

附录 2　政府部门与业界专家访谈提纲 ·· 125

附录 3　科技园区负责人访谈提纲 ··· 127

附录 4　日本文部科学省官员访谈提纲 ·· 129

第一章 概 论

2014年2月26日，习近平在京津冀协同发展座谈会上提出一个重要论断，"京津冀地缘相接、人缘相亲，地域一体、文化一脉，历史渊源深厚、交往半径相宜，完全能够相互融合、协同发展"。他强调，"京津冀协同发展意义重大，对这个问题的认识要上升到国家战略层面"[1]。2015年4月30日，中共中央政治局会议审议通过了《京津冀协同发展规划纲要》[2]，这一纲要有着里程碑意义，标志着京津冀协同发展战略已经从一个构想上升为国家重大战略，三地合作新的历史篇章由此展开，开始步入实质性实施阶段。2017年4月1日，新华社受权发布了中共中央、国务院决定设立河北雄安新区的新闻，这一"千年大计"举世瞩目，雄安新区也成为建设以首都为核心的世界级城市群的助推器，成为推动京津冀区域整体协同发展改革的关键点，成为京津冀生态修复和环境改善的新样板，成为引领全国创新驱动经济增长的示范区。京津冀三地积极响应、主动行动，相继出台实施方案和意见，结合各自功能和定位进一步明确发展目标、发展重点和重大举措，拉开了三地携手打造区域协同发展新篇章的大幕。同时，在改革开放40周年的伟大进程中，全国各地探索出以科技创新园区链为载体的经济发展和产业升级调整的模式，特别是京津冀地区的中关村国家自主创新示范区构建了"一区十六园"的战略布局，在新的国家发展战略下，为经济增长、社会发展、要素流通、体制机制改革等方面的实践探索提供了丰富的经验和启示。如何实现京津冀三地科技创新领域的协同发展，成为摆在政策制定者、理论研究者和实践工作者面前重大而紧迫的理论命题和实际课题。本书的研究将主动回应京津冀区域科技协同创新发展的战略要求，以最新提出的"科技创新园区链"这一概念为延伸，通过研究相关理论，深度聚焦三地科技创新园区链发展的实践策略，全面了解发展现状，深入分析存在问题，深刻把握发展规律，充分吸取国内外建设经

---

[1] 习近平在听取京津冀协同发展专题汇报时强调 优势互补互利共赢扎实推进 努力实现京津冀一体化发展 张高丽出席座谈会[N]. 人民日报, 2014-02-28（01）.

[2] 邓琦, 金煜, 饶沛. 京津冀协同发展规划纲要获通过[N]. 新京报, 2015-05-01.

验，研判未来趋势，科学提出对策建议，更好、更有力地推动京津冀科技创新园区链的建设。

第一节　研究背景

京津冀地区在历史上"历元明清三朝八百余年本为一家"，三地交流与合作渊源深厚。京津冀三地人口加起来1亿多人，土地面积则有21.6万平方千米，共同组成了全国三大城市群之一，如今京津冀科技协同创新发展是在新的历史条件下，尤其是在京津冀协同发展深入推进背景下的新要求、新战略、新举措，经过多年的发展和探索，在市场规律和政府引导等多种因素作用下，京津冀地区科技创新链渐具雏形，联合打造京津冀科技创新园区链是实现科技协同创新发展的重中之重。

一、打造科技创新园区链符合京津冀协同发展的紧迫要求

京津冀协同发展战略的首要目的和核心任务是秩序性疏解北京部分非首都功能，通过调整产业发展结构和经济空间结构，推动孕育内涵集约发展的三地经济发展新道路，开发出劳动力密集的地区优化发展新模式，从而为区域更加协调发展和打造经济发展新增长极做出探索。三地在经济社会发展中的战略定位不尽相同，北京的战略定位可简称为"四个中心"，分别是政治、文化、国际交往和科技创新中心；天津战略定位可简称为"一基地三区"，分别是全国先进制造研发基地、北方国际航运核心区、金融创新运营示范区和改革开放先行区；河北的战略定位同样可简称为"一基地三区"，分别是全国现代商贸物流重要基地、产业转型升级试验区、新型城镇化与城乡统筹示范区及京津冀生态环境支撑区。京津冀科技创新园区链将发挥基础性、先导性和全局性的作用，承担着平衡要素合理流动、促进产业转移升级和结构调整、提升自主创新能力的责任，三地的定位对联合打造科技创新园区链无疑提出了直接而紧迫的要求。

一是非首都功能疏解的要求。非首都功能疏解是将北京常住人口规模严格控制在2300万人以内、解决北京"大城市病"、优化提升首都核心功能的先导和突破口。伴随着部分相对低端、低附加值的四类非首都功能的有序疏解[①]，带来了大量的要素流动。目前，京津冀三地经济水平还存在显著差距，后工业化阶

---

① 《京津冀协同发展规划纲要》确定四类非首都功能将被有序疏解，分别是：一般性产业特别是高消耗产业、区域性物流基地、区域性专业市场等部分第三产业，部分教育、医疗、培训机构等社会公共服务功能，部分行政性、事业性服务机构和企业总部。

段、工业化阶段后期和工业化阶段中期同时存在。国家统计局官网数据显示，2019 年京津冀三地人均地区生产总值分别为 164 220 元、90 371 元、46 348 元，与京津相比，河北的差距尤为明显。疏解非首都功能的任务包括高能耗产业、非科技创新型企业、科技创新成果转化型企业，以及高端制造业中缺乏比较优势的生产加工环节和部分教育医疗资源，这些要素的流动无不体现在科技创新园区链的建设过程中。自《京津冀协同发展规划纲要》提出以来，三地打造了若干试点示范平台，通过平台将高校和高新企业等北京优质的科技创新资源集中疏解到天津、河北两地。然而受经济发展水平的制约，三地科技创新发展水平存在较大差异，科技创新发展和推动非首都功能疏解的状况严峻。北京需要转移低效率的经济部门和低辐射的公共事业部门，但这一转移过程并不是简单的"减量"和"增量"，而是需要有序地化解北京的非首都功能，优化区域经济发展状况，推动经济发展与社会发展。如果不能清楚地划分三个区域的经济功能，只是竞争相对高效率、高附加值和高回报的项目，那么转移对接产业可能会阻碍该地经济发展，甚至造成该地区经济发展的无序状态，就不能形成有利于内涵集约发展的均衡的新经济结构。因此，非首都功能的有序分散，要求区域内所有创新园区都要建立利益共享、风险分担、相辅相成的金融机制，建立有利于整体利益增长的决策沟通和协调机制，发挥好科技创新园区链在生产要素跨区域配置、企业功能结构的空间分布及地方政府间体制机制等方面的协同作用。

二是产业升级转移的要求。《京津冀协同发展规划纲要》对三地的区域功能定位进行了明确界定，其中协同发展的三大重点领域之一定位为产业升级转移，这对三地激活要素资源、改良产业结构、加快经济发展方式转变、推动产业布局的集成、集约、集群发展，以及培育经济增长新动能提出了新要求。长期以来，由于缺乏统筹规划和有效沟通，三地在工业和制造业等诸多产业领域同构化、同质化竞争严重，尤其以京津和津冀间优势产业重合度较高。京津冀要共同打造中国经济新的增长极和世界级城市群，三地产业转移升级都要发生重大变化，要坚持错位发展，推进产业重构，加强规划衔接，加速产业升级，这种区域产业结构的深层次变革与区域科技协同创新发展尤其是打造科技创新园区链有着紧密联系。在河北省"十三五"规划中，已将产业转型升级作为经济发展的主攻方向和核心任务，这与河北省建设"一基地三区"有重要关系，更关系到三地协调发展的成败。因此，需要以产业链、功能链等为基础，更科学合理地规划与建设京津冀科技创新园区链，助力三地产业升级。

三是推动形成区域协同创新体的要求。创新是京津冀打造世界级城市群的新引擎。京津冀地区集中了大量的高校、科研机构和企业创新中心，是中国创新资源最密集的地区之一。京津冀三方合作创造了条件独特的区域协同创新，完全有条件通过区域协同推动发展。然而，区域协同创新是一种跨区域、跨组织、跨文化的复杂的合作创新活动，是一个涉及产品创新、技术创新、管理创新、制度创新等多方面相互支持、联动创新的有机整体。北京注重原创创新，天津注重研发，河北注重推广应用，这三个地区有不同的分工和重点。自实施协同发展战略以来，中关村的许多企业和高校积极与天津、河北合作。在企业层面，用友等476家企业在河北设立了1 029家分公司；神州数码等393家企业在天津设立了503家分公司。在高校层面，北京大学、清华大学与天津、河北的合作也越来越紧密，北京大学在天津与各类企业、高校、科研机构就有170多个合作项目；与河北各类企事业单位、高校科研院所合作项目160余项。虽然已经取得了一些进展，但在宏观水平上，仍可看到三个省市的创新资源不平衡，区域科技创新的部门分类尚未形成，科技资源共享不足，创新链和产业链的集成不够，区域协同创新能力受到了严重制约。比较而言，河北在创新能力方面更突出存在着"研发投入少、转化能力低、创新主体少、创新人才缺"四大短板。为此，亟待整合京津冀区域创新资源，完善协同创新合作机制，加强高层次创新人才培养与交流，完善区域交通、公共服务，促进科技创新园区链的延伸和优化，为区域创新驱动发展提供有力支撑。

二、打造科技创新园区链是建设雄安新区的重要途径

2017年4月1日，党中央、国务院决定设立河北雄安新区[①]。

雄安新区在建设过程中，通过积极构建技术创新链，同时提高基本公共服务水平，发展社会事业，提供高质量的教育、医疗和其他资源，增强雄安新区对高端人才的吸引力，实现对京津两市人口的显著分流，有助于缓解京津人口快速积累的压力。从而为京津地区资源的合理利用提供一条切实可行的途径，雄安新区将成为京津冀都市圈的推动者。

长期以来，京津冀区域发展很不平衡，北京和天津这两个城市太"胖"，而周围其他城市太"瘦"。的确，体量大、实力强是京津两市的特点和优势。然而，在快速发展中，北京和天津也产生了许多令人担忧的"大城市病"问题。要破解这一发展难题，必须自觉打破当前的发展定式思维，从国家战略高度打破现有利益格局，促进现有存量调整，扩大增量，从而以增量改革倒逼存量改革。构建京津冀科技创新园区链将大大促进要素市场的整合，不仅促进区域既有产业格局的合理调整，还将促进创新能力的扩散和溢出，通过创新打破体制机制壁垒，在高起点、高平台上大胆进行改革和尝试，重塑产业发展创新价值链，提高京津冀创新资源协调能力和配置效率。

---

① 京津冀协同发展纲要获通过 疏解北京非首都功能[N]. 新京报，2015-05-04.

因此，作为京津冀创新协同发展试验区，应推进"五位一体"总体布局，协调推进"四个全面"战略布局，采用以"中关村+雄安"模式为代表的科技创新园区链的实践理念创造"雄安质量"，推动经济高质量发展，赋予京津冀经济发展新动力。

三、打造科技创新园区链是提升区域科技创新水平的重要举措

北京、天津、河北三地的空间接近，但它们明显处于不同的工业化发展阶段，梯度变化明显，受行政区划和空间格局的影响，三个地区的产业同质性、相关性较弱，协同程度较低。同时，受两个发达城市的虹吸效应的影响，多年来，河北的优质人才和优势资源要素大量流失，创新力和产业升级潜力严重缺失。

随着众多促进京津冀协同创新的政策措施的出台，京津冀跨区域合作的障碍明显减小，高校、科研机构和企业跨区域合作显著增多，这为深化科技创新合作奠定了良好基础。2015~2016 年，北京输出到津冀的技术合同成交额分别为 111.5 亿元和 154.7 亿元，同比分别增长 34.2%和 38.7%[①]。近年来，河北从北京、天津转移来的高新技术项目越来越多，河北与两地的科技贸易量显著提高。仅 2017 年，河北省就与京津合作建设 55 个科技园和 62 个创新基地，吸引京津高新技术企业 1 400 多家，促进了区域人力资本、创新技术、产业空间布局和功能空间重组，增强京津冀创新主体和创新要素的互动和网络化。同时，近几年以保定·中关村创新中心整体托管模式和中关村海淀园秦皇岛分园探索的北京与河北两地利益共享模式为代表的新模态发展模式，成为京津冀科技协同发展的有益探索，可以说，在《京津冀协同发展规划纲要》提出的背景下，三地深入广泛的科技合作已蔚然成风。

在看到京津冀协同创新不断深化，创新合作与产业链对接稳步进行这些令人欣喜的一面的同时，我们仍然要更清晰地关注到京津冀协同创新中的不足之处。自然条件和历史条件导致京津冀地区在产业发展上存在同构性和竞争性，同时创新元素的流动性和开放性不足，创新资源的闲置和供应不足问题依然严重，区域协调程度如何调整也是一个老大难问题。目前北京对于周边来说仍是一个没有有效辐射周边地区的创新资源中心，创新成果呈现出向南转移的趋势，并且呈现出走得越来越远的特征。除此之外，受京津冀创新资源中心-外部格局和京津冀创新网络分割的影响，京津冀在技术、信息和管理的流动和共享方面存在多重障碍，同时受京津冀城市群的群体差距大、空间结构不合理等问题的影响，三地在技术创新和隐性知识获取方面存在差异。京津地区的人才技术剩余与河北地区的

---

① 北京市发展和改革委员会，http://fgw.beijing.gov.cn/zwxx_13613/zcfg/zcjd/201912/t20191223_1430276.htm。

知识吸收不能充分有效对接，直接影响了京津冀地区科技有效合作。

因此，为了打破三地协同创新的困境，势必要打通三地科技创新阻碍，构建科技创新园区链。在地理空间方面，要弱化以北京为极点的单极核创新极化效应，提升周边空间创新水平，重塑京津冀区域经济地理格局；在机制上，通过合作打造创新园区链，解决创新链、产业链、功能链薄弱问题，通过体制机制改革，促进京津冀知识转移、溢出和增值。因此，打破京津冀协同创新在空间上的"断裂分割"，打通区域创新与应用转型之间的关键机制通道，是推进京津冀科技协同创新发展的重大问题。

第二节 研究目的和意义

要构建京津冀区域新的经济圈，促进产业升级和创新，创新区域发展体制机制，就要实现京津冀三地之间的科技创新协同发展。京津冀协同发展战略为探索和完善城市群布局、优化区域发展提供了新模式，是建设美丽中国和促进人与自然和谐相处的有效且必要途径，也是实现三地要素发展和比较发展的需要。要不断增强优势互补的可能性，倡导互利共赢的理念，坚定不移地推动京津冀三地走可持续协调发展的道路。

因此，京津冀地区如果能够实现优势互补，促进高新技术产业在京津冀三地之间实现资源的优化配置，形成科学合理的产业布局，不断促成科技与生产力的良性融合，提升三地科技与经济竞争力，形成合力优势，从而形成对环渤海地区经济发展的强劲拉动作用，成为带动北方地区经济增长的引擎，将具有十分重要的战略意义。

然而，京津冀地区在区域经济上来说，是一个刚起步的状态，它不但与国内的长三角和珠三角在高新技术产业发展上有差距，而且和世界上的典型地区存在更加巨大的差距，有着区域市场分割严重，资源配置不协调等各种问题，特别是河北的高新技术产业发展与北京和天津的差距仍然很大。显然，上述因素都削弱了区域整体实力，降低了区域经济融合柔和度。京津冀科技创新协同创新，重在把北京的优势科技创新资源和创新思维、运行机制向津冀延伸和推广，通过园区链内科技园区的协同合作，打通创新链，布局产业链，延伸园区链。因此，实现京津冀地区高新技术的整合优化，对拉动环渤海地区的经济繁荣，带动北方经济增长具有重要的战略意义。

协同创新无疑是京津冀地区协调发展的基本理念和关键引擎。近年来，北京利用科技创新资源优势，推动区域内"首都协同创新思维与机制"的建设。在北京市科委、海淀区的推动下，2014年，中国科学院、北京大学、清华大学、中国科技大学等14家科研单位和中国商用飞机有限责任公司、潍柴控股集团有限公司等100多家行业龙头企业联合成立北京协同创新研究院。并组建了18个协同创新中心，每个协同创新中心通过共同出资设立协同创新基金，以市场化机制配置资源，促进成果转化率达75%以上。[①]北京协同创新研究院成立后，首都"相变储能材料研发与产业化项目"在河北省邯郸市全面推进，起到了节能减排的作用。以北京主动向津冀地区延伸"双创"生态系统，连接创新链和产业链的模式已经取得初步的成效。中关村正在加快推进更多实体、更多形式的新型孵化资源走向天津及河北。例如，北大创业训练营、创客总部、亚杰商会等在天津滨海-中关村科技园落地，主要涉及大数据等领域；中关村建设集成电路的产业基地就落户在了石家庄正定。

而在实现协同发展、协同创新的过程中，京津冀地区创新链、产业链、园区链正成为强有力的"三大链条"，推动形成京津冀协同创新"一盘棋"格局，然而目前京津冀区域的协同创新却面临创新要素跨区域流动受阻、行业监管转换不顺畅、共享机制不明晰等几大问题的困扰，为了让创新要素能够跨越区域自由流通，建立良好有效的共享机制，京津冀协同创新园区链的建设显得尤为重要。

本书研究将会综合考虑雄安新区中关村科技园启动建设的现实需求，对中关村京津冀科技创新园区链上的重点合作园区（如天津滨海-中关村科技园、北京中关村曹妃甸高新技术成果转化基地、北京大学科技园、河北大学科技园、保定·中关村创新中心、雄安新区中关村科技园等）、典型协同创新项目等进行调研分析，并在综合前期研究分析，借鉴国内外先进经验的基础上寻找优化完善京津冀科技创新园区链的路径和模式，助力京津冀地区协同创新生态系统的健康、稳定发展，更好地促进京津冀地区的协同发展。

一、厘清京津冀科技创新园区链建设的现状与特点

目前，有关京津冀协同创新发展的研究正处于探索阶段，在实践中涌现出一批科技园区和合作项目，它们在推动京津冀协同创新方面，做出了有益的探索。例如，北京中关村分流一部分移动互联网、文化创意、生物医药、集成电路、高端制造业等领域的高新企业到天津滨海-中关村科技园；中关村海淀园的创业孵化器带入秦皇岛分园等；保定·中关村创新中心则以保定城市发展为中心，探索打造类中关村创新生态体系，构建一个科学的工作体系。京津冀三地在科技园区链的合作建设上各展所能，加强合作，初见成效。

---

① 京津冀"三链并进"协同创新[N]. 中国科技报，2016-03-23.

根据前期研究可以看出，尽管京津冀科技园区合作取得了一定的进展，但是仍然存在一些问题。例如，北京高端核心资源输出困难，京津冀尤其是京冀之间的科技资源与产业发展差距依然明显；园区品牌形象输出后，缺乏持续支持，部分京外的科技园区由于缺乏资源和人才支持而发展缓慢；园区之间缺乏共享、交流机制，资源难以共享，服务未能协同，园区链发展还很不足；京津、京冀、津冀之间协同发展的利益诉求、积极性不一致，存在隐性竞争，没有形成协同发展的"一盘棋"，北京科技创新对天津、河北的带动作用不明显等。

因此，对京津冀科技园区的实际情况的全面了解和准确把握是开展实践策略研究的基础，是提高政策科学性和时效性的依据。本书研究充分发挥团队工作的优势，对目前京津冀科技创新园区链发展的现状展开全面深入的调查研究，全面收集相关数据和信息，充分掌握第一手资料。重点针对中关村京津冀科技创新园区链上的重点合作园区、典型协同创新项目等进行调研分析，如天津滨海-中关村科技园、北京中关村曹妃甸高新技术成果转化基地、北京大学科技园、河北大学科技园、保定·中关村创新中心、雄安新区中关村科技园等典型协同创新项目。研究主要内容有：园区的发展现状、运行模式、规模效益、辐射产业、优势特色、存在问题及京津冀三地互动协同状况等。同时，针对企业等创新主体的软硬件环境、发展状况、产业协同、制约问题等展开调研。在此基础上，基于可量化的指标进行效益评估，综合评估京津冀协同创新园区链发展的总体情况。选取指标主要包括园区的规模效益、辐射产业、创新成果、协同发展情况等。同时，分析园区的优势特色，总结其发展存在的问题，系统总结京津冀三地创新产业园区的发展与互动协同状况。

二、探索京津冀科技创新园区链发展的模式与路径

《关于推动中关村国家自主创新示范区一区多园统筹协同发展的指导意见》明确指出，"打造产学研结合的跨京津冀科技创新链、产业链和园区链，在科技成果研发和产业化、高新技术产业提升改造传统产业、建设京津冀协同创新共同体等方面发挥主力军作用"。可以看出，做好科技创新园区链的建设是深入推进京津冀区域全面创新改革的重要目标，也是实现三地产业升级转移的重要创新，是提升区域科技创新能力和水平的重要举措。通过本书研究，进一步凝练和分析京津冀科技创新园区链的发展模式和路径，对于推动我国区域全面创新改革发展具有重要的意义。

京津冀协同发展战略是国家在特定历史发展阶段做出的重大战略部署，是解决首都发展、区域发展乃至中国发展的重大决策，具有鲜明的时代性、地域性。在这一特定背景下的区域科技园区链建设，也就有了鲜明的时代特色和区域特色。在对

京津冀重点合作园区及典型协同创新项目进行调研的基础上，研究总结了京津冀区域现有科技园区链的模式与路径，总结了国际、国内创新园区链发展的经验及教训。选取国际上创新园区链的优秀案例（如美国硅谷-硅滩、美国波士顿 128 公路园区链、英国伦敦城市群、德国鲁尔区、日本东京经济圈与筑波科学城等）进行深入研究，总结提炼发展经验。深入分析我国珠三角、长三角地区创新园区链发展经验和教训，重点结合地区实际对科技园区进行差异化的功能定位和产业布局，研究其产业形成的历程，总结各园区建设运营的模式；由于京津冀区域本身有着自己独特的时代和区域特征，必然要对京津冀协同创新园区链与国际典型区域和国内长三角、珠三角地区进行对比分析，从协同创新的内容与深度，资金、政策与人才等要素跨区域流动的自由度，持续发展能力等方面进行剖析，必须善于创新，总结经验，走出一条符合自身区域特色的区域科技创新园区链的发展道路，为创新京津冀科技园区链提供参考和借鉴。

三、把握京津冀科技创新园区链建设的问题与关键

京津冀协同发展不是一蹴而就的，首先是部署的协调与整合，其次是行动的协调与整合，最后是标准的标准化与整合。京津冀地域辽阔，经济发展不平衡由来已久，北京有"大城市病"，三地同时都遇到了产业转型升级中的瓶颈期。面对地区力量的不足，区域的协同发展、合作共进为其提供了全新的方案。如何实现京津冀科技创新园区的协同发展，除了要具备极具针对性的细化清单和路径设计，还要清晰把握区域发展科技创新园区链过程中的关键要点和制约问题。本书研究将在掌握现状的基础上，认真挖掘科技创新园区链发展过程中出现的各种问题和障碍，深刻剖析、准确判断，这是提出科学对策建议的关键。

自京津冀协同发展战略提出以来，京津冀科技创新园区建设和合作的实践表明，来自多方面的矛盾、问题和阻碍会影响协同发展的进程，如创新要素跨区域流动受阻、行业监管转换不顺畅、共享机制不明晰等。需要对这些问题展开专题研究，重点从制约其协同发展的管理体制、政策环境、运行机制、公共服务、产业基础、思维观念等方面进行分析，深入分析协同科技园区间资金、政策、人才等要素的流动障碍，总结协同创新利益（包括税收等）分享机制的建立与维护难点，找准破解问题的突破口。

四、提出京津冀科技创新园区链建设的对策与建议

根据京津冀协同发展国家战略对科技创新园区链发展的需要，针对当前存在的主要问题和未来发展趋势提出科学政策建议，是本书研究的主要目标，这对推

动京津冀科技创新园区链的建设将产生重要而深远影响。研究在现状调研、模式研究、国内外经验借鉴、关键制约问题分析的基础上，从政策、区位条件、公共服务条件、产业发展情况、社会文化条件等方面提出改进提升意见和政策方案，给予政策设计者、理论研究者和政策执行者三方参考。

本书研究主要针对上述领域的协同发展分别提出针对性的政策建议。每个领域的政策建议涉及宏观、中观、微观三个维度，宏观层面主要针对其如何发挥统筹规划、组织领导、政策导向、综合协调的角色提出政策建议，尤其是如何对科技创新园区链协同发展的体制机制提出主张和建议；中观层面主要是针对园区链构建过程中的模式路径优化及重点园区、重点项目建设等关键问题，从园区链模式路径及重点园区、重点项目层面提出具体的政策建议；微观层面主要涉及园区链创新微生态的建立，围绕如何营造更好的创新氛围，创造更有利的环境，调动园区链各个环节参与者的积极性等方面提出相关政策建议，形成各种力量共同推动科技创新园区协同发展的良好局面。

五、丰富区域科技创新园区链建设的理论与实践

京津冀科技创新园区链协同发展既是一个重大的实践课题，又是一个具有重要价值的理论命题。学者们从不同视角探讨京津冀科技创新园区链协同发展的相关问题，力图不断深化对这一问题的认识，深刻把握其内涵、特征和发展规律，为制定科学政策和实施有效路径提供理论指导。

本书研究主要针对京津冀科技创新园区链的实践策略，突出对正在发展中的实践问题进行研究，紧紧围绕"科技创新园区链"这一核心概念，通过对历史上尤其是近几年京津冀科技创新园区链协同发展的主要脉络、基本数据、重要政策、重大活动、成功案例的经验和相关问题的系统梳理、分析，提出推动协同发展的相关政策建议，具有鲜明的实践性、政策性、应用性特征。这种对科技创新园区链的深入研究对深化京津冀科技创新园区链协同发展相关问题的理论认识具有重要的价值。京津冀科技创新园区链协同发展是一项涉及不同地区、不同维度、不同发展阶段、不同相关利益主体的深层次发展问题，区域的分工协作要素更加复杂，涉及科技创新体系的外部政策机制环境和内部创新驱动力都将发生一系列重要变化。同时产业的集聚和扩散理论、都市圈理论、治理理论等也在近年来有深入发展，开展实践策略研究可以从直接的发展事实出发，透过真实的园区、产业及企业发展现象，分析科技创新园区链发展过程中各种复杂关系，把握科技创新园区链协同发展的基本规律，对丰富科技创新园区链协同发展理论必将产生积极作用。

第三节 研究思路与方法

一、研究思路

在京津冀协同发展的广阔背景下，本书在协同创新理论、科技创新理论、都市圈理论、治理理论、创新产业发展集聚和扩散特征及影响因素研究等的指导下，以文献研究、实地调研、问卷调研、专家访谈等方式深入调研京津冀协同创新园区链上的重点园区与项目，分析发展现状，对比国内外区域协同创新园区优秀案例，针对三地协同创新、产业升级、产业转移和产业协调发展的要求，凝练京津冀协同创新园区链的发展模式及路径，总结发展不足与问题，进一步提出完善京津冀科技创新园区链路径模式的建议。

研究的主要思路如下：

第一步，在对京津冀科技创新园区链发展策略研究背景和意义分析的基础上，提出本书研究的理论基础，并对相关影响因素进行分析。区域科技创新园区链作为科技创新领域的一个新理念、新概念，该领域中的区域分工协作理论、科技创新理论、产业集聚和扩散理论对分析其中的相关问题具有直接的指导价值，社会科学领域中的都市圈理论和治理理论特征及影响因素研究等对认识和把握京津冀特定区域、特定背景下的科技创新园区链协同发展具有一定的指导意义。

第二步，借鉴和吸收其他区域科技创新园区链发展的经验，包括对国际优秀协同创新园区及国内珠三角、长三角区域协同创新园区案例的研究，对典型园区和经典案例的发展过程及主要经验进行分析。

第三步，根据京津冀科技创园区链目前的发展建设现状，针对不同区域进行协同发展的实践策略研究主要是针对北京市、天津市、河北省、雄安新区四个不同区域维度，描述并揭示总体和个体的发展现状，分析其差异性、共同性，归纳总结出各个发展模式的核心要素。在分析过程中，先从基本的发展脉络、发展状况、基本数据出发，重点通过典型的协同创新项目和重点合作园区的深入分析，总结协同发展的经验，评估综合效益，剖析存在的问题及原因，在此基础上结合协同发展的特点和趋势，分别提出相应的政策建议。

第四步，根据国内外区域协同创新园区链发展的经验和京津冀目前的发展现状，针对京津冀科技园区创新链发展中的重点问题，提炼园区链的发展模式和构建路径并进行深入研究。同时，多领域、多维度、多角度分析研究影响京津冀协同创新园区链发展的因素，构建影响力模型。

第五步，在分层、分类的分析研究的基础上，从京津冀科技创新园区链发展的现状特点、问题难点、重点任务、对策建议、发展模式和路径等方面加以分析，从政策、区位条件、公共服务条件、产业发展情况、社会文化条件等方面提出可供京津冀科技创园区链借鉴的系统性政策建议。

二、研究方法

本书研究主要综合运用以下方法开展对京津冀科技创新园区链建设发展的实践策略研究。

一是调研法。主要包括网络调研和实地调研。课题组及时跟踪京津冀科技创新园区链发展的最新进展，通过网络调研和实践调研相结合，及时了解京津冀科技创新协同发展的最新信息、重要活动和重大事件，确保实践策略研究的时效性。组建调研组实地调研，通过对高新技术企业、科技型中小企业、中介服务机构等开展实地调研，重点对中关村京津冀科技创新园区链上的重点合作园区（如北大科技园、河北大学科技园、保定·中关村创新中心、雄安新区中关村科技园等）及典型协同创新项目通过实地调研访谈、园区数据分析等方式采集数据，从多角度对目前现存的京津冀协同创新产业园区链的模式进行分析，重点对比各个路径、模式的优势及存在问题，掌握实际发展中的第一手资料和信息，确保实践研究的客观性和全面性。并对模式背后的可复制性、持续发展性、生态稳定性等进行讨论分析。

二是访谈法。课题组结合京津冀创新园区链重点园区和典型项目，对其中的关键人物进行个人采访，以获得第一手相关资讯。访谈对象包括国家部委及三省市相关政府部门的行政管理者，重点企业的相关负责人，高校的管理者，科研机构的管理者，以及管理、规划、金融、人力资源等领域的专家、干部等。

三是问卷法。通过对园区企业、创新团队带头人及相关领域干部发放问卷，分析协同发展过程中的重要因素，发现存在的问题，透过问卷调研，系统收集数据和问题，提高政策研究的针对性。

四是文献研究法。通过文献研究，系统掌握京津冀协同发展的经济社会发展背景，策略研究的理论基础及影响科技园区协同发展的影响因素，以全面掌握对京津冀科技园区协同发展的不同观点、不同主张，为实践策略研究提供多方位理论和观点支撑。

五是比较研究法。通过对长三角、珠三角及国外代表性的区域协同创新案例的比较研究，分析其与京津冀科技创新园区协同发展的共同点与不同点，对策略研究提供有益启示和借鉴价值。

第四节 本章小结

在京津冀协同发展这一国家重大战略下，作为经济增长关键支撑、社会发展重要领域、要素流通重要形式、体制机制改革基本内容的三地科技创新领域如何协同发展，成为摆在政策制定者、理论研究者和实践工作者面前重大而紧迫的理论命题和实际课题。本章对京津冀科技创新园区链的实践策略研究的几个基本问题进行了分析梳理。

首先，分析京津冀科技创新园区链实践策略研究的背景。打造京津冀科技创新园区链是京津冀协同发展国家战略的紧迫需求，非首都功能的疏解、产业转移升级和区域创新驱动发展对三地打造京津冀科技创新园区链提出了新的更高要求；打造京津冀科技创新园区链是建设雄安新区的重要途径，有利于推进要素市场一体化，有利于推进区域内存量的合理调整，有利于通过体制机制创新破除政策洼地，有利于提升京津冀创新资源的协调能力和配置效率；打造京津冀科技创新园区链是提升区域整体科技创新水平的重要举措，是破解京津冀协同创新在空间上的"断崖式分割"，化解区域间基础创新和应用转化之间的障碍，打通关键环节，构建三地框架下的大区域协同创新体系，发现和满足区域发展中科技协同创新共同体建设内在需求的关键。

其次，分析京津冀科技创新园区链实践策略研究的目的和意义。本章聚焦京津冀科技创新园区链建设的实践策略，突出问题导向和政策导向，进行深入分析和综合研判，积极回应京津冀科技创新园区链发展中所面临的困境与挑战，具有很强的实践意义和理论意义。对目前京津冀科技创新园区链发展的现状展开全面深入的调查研究，全面收集相关数据和信息，充分掌握第一手资料；进一步提炼和分析京津冀科技创新园区链的发展模式和路径；认真挖掘科技创新园区链发展进程中出现的各种问题和障碍，深刻剖析、准确判断；围绕影响和制约京津冀科技创新园区链发展的重要因素、存在的突出矛盾和问题，提出相应的改进提升建议和政策主张。通过实践策略研究，进一步凝练和分析京津冀科技创新园区链发展的特点和规律，丰富科技创新领域供给侧结构性改革的理论与实践，深化对区域科技创新园区链理论、区域协同发展理论的认识，对于推动我国区域科技创新园区链发展、提升区域协同发展研究水平都具有重要的理论和现实意义。

最后，对本书的研究思路和所采用的几种研究方法进行简要介绍。研究思路主要分 5 个步骤。第一步，在对京津冀科技创新园区链发展策略研究背景和意义分析的基础上，提出本书研究的理论基础，并对相关影响因素进行分析。第二步，借鉴和吸收其他区域科技创新园区链发展的经验，包括对国际优秀协同创新园区及国内长三角、珠三角地区的协同创新园区案例的研究，对典型园区和经典案例的发展过程及主要经验进行分析、借鉴。第三步，针对不同区域进行协同发展的实践策略研究，主要是北京市、天津市、河北省、雄安新区四个不同区域维度，描述并揭示总体和个体的发展现状，分析其差异性、共同性，归纳总结出各个发展模式的核心要素。第四步，针对京津冀科技园区创新链发展中的重点问题，提炼园区链的发展模式和构建路径并进行深入研究。第五步，在分层、分类分析研究的基础上，从京津冀科技创新园区链发展的现状特点、问题难点、重点任务、对策建议及发展模式和路径等方面加以分析，从多领域、多维度、多角度提出推动京津冀科技创园区链发展的具体的政策建议。本书的研究方法主要包括调研法、访谈法、问卷法、文献研究法和比较研究法。

第二章 科技创新园区链相关理论及影响因素

科技创新园区链的真正含义是什么？科技创新园区链发展过程中受到哪些因素的影响？这些理论问题是我们深入研究科技创新园区链发展的基础和关键。

第一节 科技创新园区链相关概念界定

研究科技创新园区链发展问题，首先需要厘清几个最基本的概念，即链、科技创新园区、科技创新园区链。

一、链

近几年，链科学作为一个新兴的研究领域，正逐步引起国内外学术界的普遍关注。产业链、价值链、供应链、增值链、区块链、创新链、园区链等概念在一些报刊、文献及政府文件中时常出现。链本身的含义是链条，可以引申为环环相扣、相互关联，但是不同的学科对链的描述和研究各有不同。经济学界较早提出了增值链、供应链概念，而工商管理学界以美国经济学家波特为代表的价值链学说影响较大。波特对于价值链的分析包括公司在价值创造过程中的基本活动和支持性活动，并对于这两方面的活动进行了细化。这一系列活动最终形成了价值创造的行为链条，就是价值链[①]。史蒂文森认为，"通过增值过程和分销渠道控制从供应商的供应到用户的流程是供应链，它始于供应的源点，结束于消费的终

---

① [美]波特 M. 竞争优势[M]. 陈丽芳译. 北京：中信出版社，2014.

点"①。与以上学者关注"企业内部价值创造及增值"不同，有的经济学家更为关注产业链条之间的联系及其表现在地域上的分工、协作关系。克鲁格曼曾探讨过"企业将内部价值环节在不同地理空间进行资源配置的能力问题"②，斯托珀使用商品链来分析全球技术区的分工协作体系③，迪肯则运用生产链对全球生产系统的地域分工结构进行了更为系统的分析④。

关于链经济的不同称谓，尽管都是强调经济发展的一系列相互关联的活动，但这些概念之间还是有区别的。其区别主要有两个方面：一是不同学科的概念界定不同。价值链和供应链是管理学上的概念，生产链、产业链则是从经济学角度进行定义的。二是强调的重点不同。价值链更加注重企业的成本，企业创造价值的过程可以看作一系列相互关联的活动，企业应该从总体角度考察其经营表现，而不是片面地追求一部分单一功能的优化，价值链管理的目的是通过对价值链各个活动环节进行协调优化，实现业务绩效的最大化。供应链强调企业运作过程中的功能实现，是集多个企业组织搭建起的商业网络，完成上下游企业的衔接，从而为消费者提供产品和服务⑤，它具体指从原料供应、产品加工、销售到用户的一系列过程。生产链是指在产品生产过程中形成联系的一系列功能，在每个功能环节都能够对产品的价值进行提高，一般将生产链分为三个主要过程：研究开发、生产加工和产品营销。产业链强调各种产业或者各个企业之间的分工与合作关系，生产要素的流动使得各个产业之间形成了链条状的联系。"它是一个涵盖范围广泛的概念，包括供应商、制造商、分销商、零售商等各环节所涉及的企业，贯穿其中的资金流、物流、信息流和服务流等媒介，产业链的运作可以逐渐形成产业之间合理的上下游分工体系"⑥。

二、科技创新园区

科技创新园区是工业园区按功能作用不同而划分的一种类型，包括高新技术区、高新技术产业实验区及科技工业园区等，有利于实现科技创新产业的发展，促进新技术的产业化和传统产业的转型升级。

作为一种特色的社区，一种高新技术产品开发和生产的基地，一种特殊的区

---

① [美]史蒂文森 W J. 运营管理[M]. 马风才译. 北京：机械工业出版社，2012.
② [美]克鲁格曼 P. 发展、地理学与经济理论[M]. 蔡荣译. 北京：北京大学出版社，2000.
③ [美]Storper M. The Regional World: Territorial Development in a Global Economy[M]. New York: Guilford Press，1997.
④ [英]迪肯 P. 全球性转变——重塑21世纪的全球经济地图[M]. 刘卫东，等译. 北京：商务印书馆，2007.
⑤ 赵刚. 供应链管理[M]. 北京：电子工业出版社，2004.
⑥ 魏后凯，等. 中国产业集聚与集群发展战略[M]. 北京：经济管理出版社，2008.

域经济，科技创新园区的活动受到所在地区地方政府和中央政府决策的影响。从广义上理解，所有的工业园区都是政府管理型。但是，对有的工业园区来讲，政府管理是间接的，即政府没有直接参与工业园区的内部事务的管理，政府的间接管理是工业园区外部政策环境的一部分。因此，从狭义上理解，凡是政府未设管理机构的园区，可视为非政府管理型。从管理模式上来看，工业园区可以分为政府管理型，高校、科研机构管理型，企业管理型及"政产学研"协同型。政府管理型的科技创新园区由政府设立专门的园区管理机构或派出机构直接负责园区的管理事务，如日本筑波科学城由科技厅计划局负责科学城的行政事务，韩国中央政府组建"大德团地管理事务所"负责大德科学城的建设和研究业务的支援工作。我国中关村科技园及其京津冀重点合作园区（如天津滨海-中关村科技园、北京中关村曹妃甸高新技术成果转化基地、保定·中关村创新中心、雄安新区中关村科技园等）都可以归为这一类型。高校、科研机构管理型的科技创新园区是在大学、科研院所与企业发展合作关系的基础上建立的一种科研和生产密切结合的园区，由大学或科研院所设立专门机构和人员负责对大学科技园、孵化器或创新中心的管理和服务，如美国佐治亚理工学院先进技术开发中心、英国剑桥科学园、美国斯坦福研究园，以及中国的北京大学科技园、河北大学科技园、中科院软件园等。企业管理型的科技创新园区由专门的公司来管理，公司内部采用董事会领导、经理负责的企业管理制度，如法国索菲亚·安蒂波斯科技城、日本神奈川科技工业园区，以及我国中信集团建设的宁波大榭开发区，招商局集团投资的蛇口工业区和漳州经济技术开发区，亿达集团开发的大连软件园等。"政产学研"协同型的科技创新园区是由政府、企业、金融机构、大学和其他机构共同分担义务，共同出资设立协同创新基金，承担管理职能[①]，如美国北卡罗来纳三角研究园、日本熊本技术城、法国法兰西岛科学城、中国北京协同创新园等。

三、科技创新园区链

科技创新园区链是指多个科技创新园区为促进科技创新资源合理配置、产业升级、园区功能升级而基于要素禀赋和区域比较优势选择地区布局，通过园区合作或新建园区的方式所形成的政产学研结合的跨区域、跨园区的分工合作体系。科技创新园区链具有以下几个特点。

（1）科技创新园区链建设的前提是多个科技创新园区之间具有相对清晰的功能定位和相对密切的有机联系。园区链以产业链、功能链等为基础，以企业之间及企业内部功能结构在不同园区的空间布局与密切合作为特征，通过总部经

---

① 北京协同创新研究院介绍，http://www.bici.org/en/onepage3.html。

济模式、科研成果外地转化模式、投资转化模式等促进区域分工合作，构建园区合作体系，从而在具有不同功能的园区之间形成有机联系，推动园区链的形成。

（2）科技创新园区链是在市场规律、政府引导等多重因素作用下形成的。市场在科技创新园区链发展过程中发挥着决定性作用，政府通过宏观调控在短时间内解决要素流动问题，推动经济结构升级、功能升级和产业升级。生产要素跨区域配置、企业功能结构的空间分布及地方政府间体制机制协同等因素与园区链的形成互为因果，最终形成区域协同发展效应。

（3）科技创新园区链是一个动态发展的过程。随着区域交通、公共服务的完善，科技创新园区本身功能将不断升级，园区内企业的生产环节将逐步转移到更加具有成本优势和价值优势的地区，从而使园区链得以延伸和优化，最终实现区域整体的功能升级与产业升级。这一动态发展过程以遵循市场规律为前提。

园区链和产业链的区别在于：第一，园区链的主体是科技创新园区，具体表现为园区的管理机构，园区的管理机构包括政府、企业、学校、科研院所等，而产业链的主体是产业，具体表现为从供应商到制造商再到分销商和零售商等所有加盟的节点企业；第二，园区链是一个包含区域属性的概念，通过园区跨区域合作的方式表现出来，形成不同区域之间分工与合作的有机关联，而产业链是经济活动内部的技术经济关联，本身不具有区域属性；第三，根据性质的不同，园区链可以分为科技创新园区链、经济技术开发区园区链、保税区园区链、工业村园区链等，而产业链可以分为农业产业链、造纸产业链、煤炭产业链、汽车产业链、信息技术产业链等；第四，园区链的发展经过政策先试先行、创新社区共建、重点园区建设、要素资源整合等过程推动区域经济一体化，而产业链以主导产业发展为起点，逐渐延长产业链条，最终形成产业集群。

园区链和产业链也有相同之处，主要表现在贯穿其中的资金流、政策流、信息流和服务流等媒介中。在构建跨层级、跨区域的科技创新共同体过程中，要促进产业链、资金链、服务链、技术链等各种链条与园区链融合发展，在创新创业生态系统过程中要促进创新链、产业链、服务链、资金链和园区链深度融合，从而促进创新资源的合理配置、开放共享和高效利用。

第二节 科技创新园区链的相关理论

一、区域分工与协作理论

区域分工与协作理论是研究京津冀科技创新园区链的重要理论支撑。京津冀三地本身就是一个区域,在这个区域之间如何推动经济联系,密切分工合作,是一个重要的理论问题。区域分工与协作理论经过亚当·斯密、克鲁格曼等经济学家的研究,已经具备坚实的理论基础。区域分工与协作理论最初是研究国际分工的,逐步延伸到区域之间的分工与协作。这一理论强调各个区域要基于自身的环境来参与分工与协作,促进各区域间社会经济活动的有机结合。区域分工与协作理论可以从以下几个方面为京津冀科技创新园区链发展提供理论基础。

先发区域的带动性。一个区域在发展过程中会产生资源的扩散,从而对外部的经济社会发展产生影响,带动其他区域相关社会经济活动的改变。在这两个区域之间,由于存在着要素的流动,优先发展的区域会对后发展区域产生促进作用,从而推动这两个区域实现整体发展。区域分工协作的外部性机制是推动区域整体发展的重要动力,这种辐射带动效应有力地促进了区域一体化的发展,为后发展区域提供了发展机会。

要素禀赋的异质性。要素禀赋包括自然环境、人力资源、资本、技术、法律制度、政策条件等。不同的区域之间拥有不同的要素禀赋,相对地具有不同的优势。以京津冀地区为例,北京市拥有政治中心地位,具有丰富的教育资源、发达的科技创新能力等要素,而天津具备港口、制造业等基础,河北有丰富的土地资源和较为廉价的劳动力。这些不同的区域之间可以根据要素禀赋差异寻求分工,并且通过要素禀赋的优势实现区域的特色发展。在区域一体化的过程中,根据不同区域的要素禀赋,找准定位,发展自己的优势产业,提高本区域的经济社会发展水平。

比较优势的创造性。虽然各地区有着不同的要素禀赋,但是比较优势并不仅仅是依赖原始资源而实现的,在经济发展过程中,比较优势可以通过政策引导、规模经济等方式实现。在区域分工与协作过程中,落后地区可以根据自己在区域和市场中的定位,合理地制定产业政策,通过税收减免、财政扶持等方式推动区域内优势产业的出现,实现弯道超车,从而建立优势产业集群,掌握产业发展的主动权。这样有利于区域突破要素禀赋的不足,推动区域一体化发展。

二、科技创新理论

熊彼特最早在他的专著《经济发展理论》中提出了创新这一概念。随着经济社会发展,创新已经成为人们耳熟能详的一个词语。每个人对于科技创新理论的理解各有不同,如果追溯熊彼特最初对创新的定义,会发现他更多地强调创新是一种新的生产体系,这种新的生产体系是在对以往的产品、工艺进行破坏和创造的过程中建立起来的,其目的是重新将生产要素和生产条件组合起来,追求企的高额利润①。今天学术界对于科技创新理论的研究已经更为丰富,并逐渐出现了三种创新理论流派,分别是科技创新研究的新古典学派、新熊彼特学派和国家创新体系学派。这三种理论的前提假设不同,关注点也有很大差异。

新古典学派关于科技创新问题的理论前提是市场失败假定,这一理论体现了西方对于市场失灵的态度,认为政府干预对科技创新具有重要作用。单纯的市场机制不但会使经济资源无法得到有效的配置,而且会延缓科技创新的进程,导致经济增长动力不足。因此新古典学派重视"政府之手"的作用,提倡政府干预。新熊彼特学派继承并发展了熊彼特对科技创新研究的基础和传统,强调科技创新在经济增长中的重要作用,尤其关注企业家在科技创新中的重要作用。他们认为,企业是最重要的经济主体,要充分挖掘企业家的创新潜力,设置合理的经济结构,促进科技创新。国家创新体系学派更为重视体系的作用,他们对各个创新主体的互动机制和作用发挥进行研究,认为政府、企业、高校、研发机构等共同组成科技创新的网络体系,这些主体之间的互动和相互作用促进了科技创新的实现和扩散。因此,他们认为应该将科技创新体系看作一个非常复杂的国家系统,要从经济社会发展的宏观层面来看待各个不同主体之间的科技创新差异。

总的来看,科技创新理论的关键在于如何对待政府、市场、高校、科研机构在推动科技创新过程中的主体地位,如何推动政府和市场有效地发挥作用。不同的理论有其不同的出发点和落脚点,但是从整体来看,创新具有以下几个特征:一是创新活动具有多样性。从创新的起点和过程来讲,创新是各种不同因素综合作用的结果,受到创新主体内部和外部的制约。二是创新活动具有复杂性。创新活动包括研发、组织、工程、制造、销售、管理等多方面的分工协作,并且还存在多次循环往复、多组织工作交叉、多项目并行发展等特点。三是创新活动具有扩展性。创新活动不仅是在创新主体内部进行优化和运行,还涉及多个主体对创新活动的参与和完善。一系列的创新主体之间(如企业与企业之间、科研机构之间、企业内部各部门之间等)都会相互作用和影响,并形成制度性的程序和机制。

三、产业集聚和扩散理论

产业在空间结构的演变上存在着对立统一的两种趋势:集聚和扩散。产业集聚指的是一些在生产过程中存在着互补性的企业,会在布局时选择具有相对优势的区域,并综合考虑一个区域的相关产业发展情况。处于产业链上下游的产业为了减少交通运输成本,促进交流、加强合作,会选择在同一区域布局。这有利于

---

① [美]熊彼特 J. 经济发展理论[M]. 何畏,易家详等,译. 北京:商务印书馆,1990.

形成规模优势，提高经济效益。随着产业的发展，一个区域的产业做大做强之后，会因为地区生产要素条件的转变，而选择其他区域进行布局，降低生产成本，提高效益。这样便又出现了产业的扩散。产业集聚和扩散理论比较深刻地揭示了这一产业发展规律，这对于理解京津冀科技创新园区链发展具有关键作用。

对于产业集聚和扩散理论，很多学者都进行过相关研究。例如，一个世纪之前，马歇尔就提出了产业空间集聚的三个原因；韦伯则从企业这一微观主体出发，对于企业集聚所产生的好处和成本进行了对比，说明了企业集聚的重要优势；熊彼特则主要从创新角度来说明产业集聚现象；佩鲁的增长极理论通过产业集聚与经济增长关系的研究，探讨了非均衡增长战略，强调推进型产业发展的重要性。20世纪90年代以来，克鲁格曼则通过计量经济学的方法对产业集聚和扩散的一系列因果关系进行研究，认为企业集聚的影响因素包括规模报酬递增、运输成本和生产要素流动等；波特提出地区竞争力的著名的"钻石"模型，特别强调了产业集聚对一个区域的产业在国际竞争力方面的作用。

集聚也会出现不经济的情况，由集聚不经济所产生的扩散推力促进一些企业从高度集聚的地方向外扩散，使得新建企业避开这类地区。此时，政府在规划新的开发区域时，会创造出一股拉力，如发展对外交通、改善基础设施、培养人才等，这样新开发地区将形成新的产业集聚体，促进企业从原集聚体扩散，向新集聚体集中。因此，产业的集聚和扩散这两种力量互为条件、相互补充，其空间运动表现为：集聚过度常成为扩散的契机，只有适当扩散，才能保证集聚体规模适度和结构优化[①]。

四、都市圈理论

都市圈理论是伴随着国际上一些大都市不断出现而产生的一系列理论分析和阐述。都市圈的主要特点是：有一个或几个核心城市，在这个核心城市外围还有一系列的中小城市，这些城市之间的交通基础设施发达，产业发展存在着分工与协作，并且形成了从中心向外围逐渐扩展的圈层结构。都市圈理论的研究对象是都市圈，重点分析都市圈的形成过程、发展方式、发展动力、发展制约因素等。京津冀科技创新园区链依托于京津冀都市圈而发展，能够推动京津冀一体化发展，是京津冀都市圈发展的重要基础。

当前对于都市圈的研究主要集中在地理学、城市规划学等方面。根据发达国家都市圈的发展方式，对都市圈的形成进行阐释：首先是城市各种资源要素集中，人口不断集聚，使得城市出现"大城市病"，如交通拥挤、医院床位紧张、

---

① 龙开元. 中国工业布局演变驱动机理研究[M]. 北京：知识产权出版社，2008.

教育资源不足、房价高等问题。在这样的背景下，政府会推动人口和产业向郊区疏解，通过建立卫星城、大学城等方式促进郊区形成新的节点城市。当新的城市规模不断扩大时，中心城市与新城之间的交流会日益频繁，各种资源要素会形成流动。一段时间之后，中心城市周围的新城越来越多，城市之间的资源流动逐渐增多，都市圈应运而生。此外，都市圈的形成还可能是政府宏观推动的结果。例如，在一个区域内存在几个大型城市，这些城市之间处于不同的行政区域，为了促进都市圈的形成，政府会推动区域一体化战略，实现区域的协调发展，其核心是打破各个区域之间的行政壁垒，加快城市化进程，从而形成都市圈。

纵观发达国家都市圈的发展，可以发现一些共同之处：一是区域内要具备产业支撑，经济发展所带来的产业扩散是都市圈形成的重要动力；二是政府职能的发挥，政府需要发挥主导作用，逐渐打破各个区域、各个城市之间的行政壁垒，实现制度和政策的衔接；三是各个区域要在自身资源禀赋的基础上发展优势产业，发挥不同的职能，在都市圈分工协作中实现优势互补，从而提高整体竞争力。

五、治理理论

治理是一个比较新的概念，近年来逐步得到学界和政府的重视。治理区别于管理的最主要特点就是强调多个主体的作用发挥，从而实现共赢。治理理论是近年来的新兴理论，习近平总书记在十九大报告中也指出，实现国家治理体系和治理能力现代化[①]。在京津冀协同发展的过程中，必然会涉及政府、企业、高校、科研机构等多个主体，这些不同的主体如何分工协作，如何实现政产学研用协同创新，必须要对治理理论进行充分的研究与把握。

治理理论的核心是对权力的来源进行分析，认为政府不是唯一的权力核心，各种民间组织、社团、非政府组织等对社会发展也具有重要作用，治理理论强调多个权力主体的作用。治理是各个主体相互协商、相互对话的过程，需要各方充分地表达自己的立场，并实现决策过程的民主性和科学性。治理的结果是能够在组织参与和个人参与的基础上，形成一些长期合作的网络，从而能够保证政策或决议执行的一致性。治理理论所包含的平等性、民主性、合作性等原则，能够为科技创新提供重要支撑，促进科技创新过程中各方的互动和交流。治理理论对政府角色的重新定位，意味着要更好地发挥市场在资源配置中的决定性作用，要充分发挥社会各方在推动科技创新中的积极作用，要更好地发挥政府的支持和引导作用，从而实现各方共赢。

---

① 习近平. 决胜全面建成小康社会 夺取新时代中国特色社会主义伟大胜利——在中国共产党第十九次全国代表大会上的报告[M]. 北京：人民出版社，2017.

借鉴治理理论，区域科技创新园区链需要政府、企业和科研机构共同参与治理。政府在政策制定、产业支持、减税降费等方面要进一步给予企业以支持，从而释放更多的经济活力；企业要发挥好科技创新的主体作用，适当增加企业研发投入，提高科技创新质量；高校和科研院所应发挥人才资源和科技创新优势，推动科研成果的产业化，为企业提供更多的科技创新支持。此外，其他社会主体也要积极参与到科技创新过程中来，协调一致促进地区经济发展。

第三节　科技创新园区链的影响因素

科技创新园区链在市场规律和政府引导等多重因素作用下形成并不断发展，地理区位条件、法规政策环境、产业发展情况、社会文化环境、政产学研合作水平、园区建设情况等是科技创新园区链形成和发展的主要影响因素。

一、地理区位条件

在区域科技创新园区链建设和发展过程中，地理区位条件是必须要考虑的基础性影响因素。主要包括以下几点：第一，自然资源及自然条件因素。自然资源指自然界一切能被人类利用的自然物质要素，主要有土地资源、水资源、矿产资源、生物资源等；自然条件是指除自然资源以外的所有影响经济活动的自然要素，如地理位置、生态环境、气候情况等。自然资源对于人类经济活动的质量和效率有着重要影响。自然资源、自然条件是区域发展的物质基础，对区域劳动生产率和产业结构有着重要影响。良好的自然资源及自然条件有利于城市建设，能够为高科技产业发展提供良好的依托，吸引高端人才聚集，美国硅谷的发展便是很好的例证。第二，人口及劳动力因素。首先是区域人口规模决定了区域消费需求总量，区域人口构成影响和决定着区域消费需求结构，区域人口变动引起区域需求总量和需求结构的变动；其次是区域人口状况影响区域产业的集聚，影响非专业化产业发展和布局，影响着区域第三产业的发展；再次是区域劳动力的数量、质量与成本对本区域的进一步发展构成直接影响；最后是人口的流动对人口迁出地和迁入地的发展构成影响，这一系列因素最后都会影响区域园区链发展的规模和水平。第三，交通运输因素。一方面，不同交通运输方式的运输成本和时间成本有着较大的差异，良好的交通运输条件有利于促进生产要素的流动，从而对产业的布局与发展产生影响；另一方面，作为提供公共服务的基础设施，交通运输方式对于人才的集聚产生重要影响。此外，交通运输与园区链的布局紧密相连，交通运输的发展会带动园区链的兴起与发展，交通运输的衰落也会导致园区的衰败，影响园区链的进一步发展。

二、法规政策环境

科技创新园区链建设的法规政策环境是指激励和约束科技创新园区活动的各种具有不同地位和作用的法律、法规、政策耦合而成的制度体系。20 世纪 70 年代以来，运用法规政策手段来激励和保障科技创新活动已经成为一种世界性潮流。世界上很多国家和地区的政府都通过制定一系列的人才政策、税收优惠政策、财政金融政策等协调政府、企业、高校和科研机构在科技创新上的合作与互动关系，以不断激发科技创新系统的活力，从而提高科技创新能力。科技创新园区链建设需要政府的干预和指导，从宏观上来看，具体的法规政策包括以下几个方面：一是区域发展战略规划，用以在宏观层面推动地区的协同发展，促进园区链的建设和延伸；二是财政税收政策，用以协调各环节的投资成本和投资风险，增加投资者的预期收益，解决各地政府在利益分配方面的问题，减少要素流动障碍；三是人才开发政策，研发人员是从事科技创新活动的重要力量，其数量和质量是国际上衡量一国或某一地区科技创新能力的主要指标，政府在人才教育、人才物质待遇、人才流动、技术职务评聘和科技奖励等方面制定一系列政策，对培养、引进和用好人才有着积极作用；四是知识产权保护制度，其实质是解决"知识"资源的归属问题，是一种激励和调节机制，有利于保护创造者的合法权益，保证市场竞争的公平、合理、有序。

三、产业发展情况

产业发展情况是指在现代产业体系下的产业萌芽、成长、成熟、转型、升级的全过程，既涉及单个产业，又涵盖产业总体，即包括整个国民经济的发展过程。产业发展过程既包括产业结构的变动、调整、升级，又包括产业关联分析、产业布局及其调整等理论与政策的创新。一个国家的产业结构是否合理，能够直接影响一个国家经济发展的可持续性和经济发展潜力，对于一个区域来讲同样如此。"在产业发展过程中，结构变化和调整始终是核心，结构优化是方向"[①]。紧密的产业关系和合理的产业分工合作是科技创新园区链发展的重要推动力，也是区域科技创新园区链可持续发展的保障。在产业发展过程中，企业会不断延伸产业链，从而基于比较优势选择具有相应功能的园区进行布局，通过总部经济模

---

① 于立宏，孔令丞. 产业经济学[M]. 北京：北京大学出版社，2017.

式、科研成果外地转化模式、投资转化模式等推动园区链的形成。因此，协调京津冀产业协同发展是推进科技创新园区链发展的重要一环。

四、社会文化环境

社会文化环境包括居民的风俗习惯、人口的平均文化水平、主流价值观念等内容，对于科技创新的实现有着重要作用。近年来，随着"大众创业、万众创新"行动的开展，很多年轻人投入这一潮流中去。但是不同地区的人在面对创业这一行为时却有着不同的态度。以我国南北方为例，浙江、广东等地区商品经济发达，创业气氛较好，青年人对于创业充满热情，并且将创业作为实现人生价值的重要方式。而山东、河北等地区长期以来受到"学而优则仕"文化的影响，人生价值的实现更多地寄托在从政、学术研究等职业发展道路上，对于创业则持一种较为消极的态度。这样的一种地域社会文化环境在科技创新过程中会起到重要的影响作用。

此外，社会文化环境中的创新创业范围对科技创新会产生直接影响。国外一些发达国家在创新创业教育方面起步较早，形成了体系化的创新教育氛围，比尔·盖茨、乔布斯、扎克伯格等企业家的创业经历吸引了众多人的关注，成为青少年学习的偶像；一些高校设置了专门的创新创业课程供学生学习，并且提供相应的创业支持。当前我国正努力推动创新创业氛围的形成，如政府正努力构建系统化的创新创业体系，弘扬创新精神、工匠精神，提高创新人才的社会地位；企业设立内部的创新孵化器，大力支持研发工作，对创新人才提供激励机制；高校设置创新创业课程、提供创业场所和资金支持、加强与企业的合作和联系。这一系列举措都有利于创新创业社会文化环境的形成，为创新创业提供支持。

五、政产学研合作水平

随着区域经济一体化步伐的加快，产业转移和扩散及产业协作关系的加强，政府、企业、高校和科研机构等各方需要建立相关的合作模式和路径来合理分配利益，促进不同类型的园区之间加强合作联系，推动区域园区链形成，形成区域的良性合作。政产学研合作水平的高低对于科技创新园区链的发展起到直接而关键的作用，决定着园区链建设能否突破地域行政界线的限制，从而解决市场机制不能解决的外部性问题，是科技创新园区链发展的重要因素。对于跨省的区域科技创新园区链建设而言，合作机制的领导机构不仅应包括各省市的有关部门，还应包括国家有关部门，如国家发展和改革委员会、科学技术部等。此外，"政府高层之间的常态化联席会议制度、主导产业之间的行业联合会等都是合作机制建立的实施重点"①。

长期以来,京津冀三地区域发展不平衡的现象较为突出,河北省在经济、科技、人才、基础设施与公共服务等方面与京津差距较为显著。京津冀协同发展战略实施以来,京津冀三地签署了一系列合作协议,有力推动了区域科技创新合作。但与此同时,京津冀三地科技创新的功能定位和区域分工尚不明确,行政壁垒依然存在,协同能力不足。特别是京津冀三地政府对待科技合作的积极性和动机均有较大差异。河北强调如何"借"京津优质的科技资源弥补其科技资源的不足;而天津则希望依托北京的科技实力提高其争取国家项目的竞争优势;但北京则希望津冀能承接其部分产业转移以缓解自身的压力。京津冀至今尚未形成可持续性、全面区域科技合作关系,而且执行层面的科技合作行动计划也尚未出台,这逐渐成为科技园区链的进一步发展的重要制约因素。

企业是园区链发展的关键主体,企业的发展推动产业链的延伸和产业集群的形成,并进一步推动了科技创新园区链的形成,因此必须尊重市场规律,推动企业跨区域布局。企业作为科技创新活动的关键环节,不断地通过对已有科技创新资源的合理利用,不断地改进技术,将创新资源转化为技术成果,并将其推广开。在科技创新园区链建设过程中,企业之间为科技创新而展开的合作也是科技创新园区链不断延伸拓展的主要动力。

此外,高校和科研机构在园区链发展过程中也发挥重要作用,近年来,以科研机构为主导的科技创新园区逐渐形成,科研机构与各地经济技术开发区、工业园区和科技创新园区等实体之间的交流合作逐渐增多,科研机构将成为科技创新园区链发展过程中重要的参与力量,推动国家和区域科技创新进程。

六、园区建设情况

园区建设情况是科技创新园区链发展的重要物质基础,包括园区基础设施建设、园区运营管理模式、园区项目建设、园区规模等多个方面。

园区基础设施建设包括园区内道路、水电气管网、污水处理、物流及生活服务等多个方面。良好的园区基础设施建设能够为企业入驻园区提供更加完善的条件,方便企业迅速入驻,推动产业链的形成和进一步延伸。

园区运营管理模式会直接影响园区链的形成与发展。政府运营模式在政府主导型园区比较常见,这一模式在资源整合、政策引导、协调效率方面都具有优势,不追求经济效益,理论上可以更加专注于公共服务的提升。但受制于政府部门的身份限制和安全风险,管理者和工作人员在提升服务层次和园区运营绩效方

---

① 周长林,孟颖,等.京津滨产业带空间布局及发展对策研究[M].北京:中国建筑工业出版社,2010.

面缺乏积极性，而教练员、运动员、裁判员三重身份于一体的状况，也使得园区的指导、运营、评估工作因角色含混不清而限制了发展。企业运营模式机制灵活、追求经济效益，遵循市场规律，可持续发展能力强，可以围绕提升园区效益而开展专业化、深度服务，但由于过分追求经济效益，有时也会制约公共服务水平的提升。如何在这两者之间找到平衡从而创新园区运营模式，对于园区链的发展具有重要意义。

园区项目建设是科技创新园区链发展的重要内容和关键环节，反映了园区的创新资源投入能力、创新管理能力、研究开发能力及制造能力。通过园区项目建设，可以进一步扩展产业发展的空间，提高企业协同创新能力，从而为区域科技创新注入源源不断的动力。在区域科技创新生态系统中，园区建设是科技创新园区链形成的物质基础，是核心科技创新园区在地理空间上的扩展。从园区自身建设来说，园区组织形式和园区规模是园区进一步发展的基础。园区组织形式主要表现为管理模式及路径，园区规模可以通过园区自然地理资源、创新主体的组织数量、项目数量等进行测算。园区数量和项目数量并不是越多越好，主要取决于科技创新园区的综合竞争力和项目的质量水平，直接影响科技创新园区在科技创新园区链分工中的地位和作用。

第四节 本章小结

首先，本章对科技创新园区链的相关概念做了梳理。重点对链、科技创新园区、科技创新园区链的内涵进行了阐释。链本身的含义是链条，可以引申为环环相扣、相互关联，产业链、价值链等概念均采用这一形象的表述方式。科技创新园区是工业园区按功能作用不同而划分的一种类型，主要包括高新技术区、高新技术产业实验区及科技工业园区等。科技创新园区链是多个科技创新园区为促进科技创新资源合理配置、产业升级、园区功能升级而基于要素禀赋和区域比较优势选择地区布局，通过园区合作或新建园区的方式所形成的政产学研结合的跨区域、跨园区分工合作体系。科技创新园区链的主体是科技创新园区，包含政府、企业、高校、科研机构、社会服务组织等多个机构，生产要素跨区域配置、企业功能结构的空间分布及地方政府间体制机制协同等因素与园区链的形成互为因果，最终形成区域协同发展效应。科技创新园区链建设的前提是多个科技创新园区之间具有相对清晰的功能定位和相对密切的有机联系；科技创新园区链是在市场规律、政府引导等多重因素作用下形成的；科技创新园区链是一个动态发展的过程。与此同时，本章也对园区链、产业链和价值链等关系紧密的概念做了区分。

其次，就区域科技园区链发展的相关理论进行梳理和阐释。区域科技园区链的理论基础主要有区域分工协作理论、科技创新理论、产业集聚和扩散理论、都市圈理论、治理理论。这些理论是区域经济一体化研究中的经典理论，具有较强的解释力，为研究区域经济、科技创新与产业发展开辟了新的视角。科技创新园区链是京津冀协同发展过程中提出的新概念，但是对科技创新园区链本身来说并非全新的事物，我们只有从这些基本理论、基本原理出发，才可能在研究科技创新园区链的过程中获得新启示、找到新思路、开拓新路径。

最后，本章从地理区位条件、法规政策环境、产业发展情况、社会文化环境、政产学研合作水平、园区建设情况等多个方面来分析科技创新园区链发展的影响因素。地理区位条件是科技创新园区链发展的基础性影响因素，法规政策环境、产业发展情况、社会文化环境是激发科技创新系统活力，进而达到提高区域科技创新能力的关键影响因素，政产学研合作水平包含着政府、企业、高校、科研机构等多个主体，其作用的发挥是科技创新园区链发展的直接影响因素，园区建设情况是科技创新园区链形成的物质基础，直接影响着园区链发展所能达到的规模和水平。加强对上述理论和影响因素的研究，有利于为科技创新园区和科技创新园区链建设提供理论基础和实践指导。

第三章 京津冀科技创新园区链的建设现状

第一节 京津冀科技创新园区链建设与发展概况

了解京津冀科技创新园区链的建设与发展，需明确该园区链的建设思路与发展目标及目前各园区的建设发展情况和协同成果。

一、京津冀科技创新园区链概念提出与建设目标

"京津冀科技创新园区链"的概念是在《中关村国家自主创新示范区发展建设规划（2016-2020 年）》和《中关村国家自主创新示范区京津冀协同创新共同体建设行动计划（2016-2018 年）》中提出的。在《中关村国家自主创新示范区发展建设规划（2016-2020 年）》中，将引领区域协同创新，着力推动京津冀协同创新共同体建设作为主要目标，为如何打造京津冀科技创新园区链指明了方向。在规划中，还提及 2016~2020 年在京津冀三地推进大数据产业合理布局，构建具有核心竞争力的产业生态体系，推动创新成果转化等一系列具体发展目标。

《中关村国家自主创新示范区京津冀协同创新共同体建设行动计划（2016-2018 年）》细化了《中关村国家自主创新示范区发展建设规划（2016-2020 年）》中有关京津冀园区链"4+N"重点区域的内涵和发展目标，在该计划中还提到，中关村各类创新主体的发展要集中在"4+N"重点区域上，积极构建政产学研用结合的跨京津冀科技创新园区链。同时计划中提出了2018年的建设目标，到 2018 年，完成跨京津冀科技创新园区链形成合理布局等内容。

结合《京津冀协同发展规划纲要》和《中关村国家自主创新示范区发展建设

规划（2016-2020年）》的内容，京津冀科技创新园区链的建设思路正式确立为以北京中关村为主导，聚焦四大战略合作功能区，包括天津滨海-中关村科技园区、河北曹妃甸协同发展示范区、北京新机场临空经济合作区、河北张承[①]生态功能区，发展"N"产业承接平台组团，建设引领全国、辐射周围的创新发展战略高地。

二、京津冀科技创新园区链"2+4+N"建设思路

由于京津冀三地区域经济发展不平衡，增加了京津冀三地区域协同创新发展实施的难度，在一定程度上阻碍了京津冀科技创新园区链的建设。随着雄安新区的建立，将调整并优化京津冀三地的地区布局及空间结构，创新驱动发展，打破京津冀协同创新发展中差异过大的局面。雄安新区作为破局点，为构建京津冀科技创新园区链提供了空间支持，与北京城市副中心一起构成北京的"两翼"，将原有重点区域变为"2+4+N"，完善了原有的建设思路。

"2+4+N"产业合作格局充分发挥了京津冀三地各自优势，创新链和产业链得到贯通的同时，延伸了园区链的发展，产业协同发展迅速，成果显著。在京津冀科技园区链"2+4+N"建设思路中，"2"是指北京城市副中心和河北雄安新区。"4"是指天津滨海-中关村科技园区、河北曹妃甸协同发展示范区、北京新机场临空经济合作区、河北张承生态功能区四大战略合作功能区。"N"则为一批高水平协同创新平台和专业化产业合作平台。"4+N"的主要思路是聚焦四大战略合作功能区及保定等若干个产业项目承载地，构建跨越京津冀的科技创新园区链。

为了进一步推进京津冀协同发展，引导京津冀三地产业有序转移和精准对接，2017年底，京津冀研究制定了《关于加强京津冀产业转移承接重点平台建设的意见》。该意见更加细化了"2+4+N"的产业合作格局，初步明确了"2+4+46"个产业转移承接重点平台，其中包括2个北京新两翼的高端创新产业聚集地（北京城市副中心和河北雄安新区），4个大战略合作功能区及46个专业化、特色化承接平台。在该意见中，深化了"2"、"4"及"N"（46）的意义内涵。

"2"的含义是增强北京新两翼（北京城市副中心、河北雄安新区）高端产业吸引力。通过吸引高端高新产业，聚集创新产业集群，将北京城市副中心打造成以行政办公、商务服务、科技创新等主导的产业新区，将河北雄安新区打造成创新科技新城。"4"的含义是集中力量大力发展四大战略合作功能区，明确四

---

① 张承即张家口和承德。

大功能区的产业承接方向，更快更好地形成集聚效应。"N"是指打造出一批高水平协同创新平台和专业化产业合作平台，在意见中初步明确为46个。

三、京津冀科技园区链发展现状

自2015年的《京津冀协同发展规划纲要》及2016年的《中关村国家自主创新示范区京津冀协同创新共同体建设行动计划（2016-2018年）》颁布以来，京津冀地区深入落实战略部署，打造了科技创新园区链区域发展的新格局，对园区链覆盖的京津冀地区经济发展起到了良好的推动作用。

北京产业结构进一步优化，动能转换明显提速，创新驱动逐步发力。2017年实现新经济增加值9 085.6亿元，占地区生产总值的比重为22.8%，研发经费支出1 595.3亿元，比上年增长7.5%，占地区生产总值的比例为5.7%。河北转型升级成效明显，新动能支撑增强。高新技术产业增加值增长11.3%，占规模以上工业的比重为18.4%。天津质量效益稳步提升，转型发展成效显现。同期，规模以上工业战略性新兴产业增加值增长3.9%，快于天津市总水平1.6个百分点；高技术制造业增加值增长10.4%，快于全市8.1个百分点，对工业增长的贡献率达到64.6%。

在科技创新园区链助力推动京津冀地区经济稳健、有活力增长的同时，在创建京津冀科技创新园区链时所确定的五个目标均得到了贯彻落实。

一是明确了推进发展思路，支持政策文件陆续出台实施。一批先行先试政策已经在贯彻实施中如《中关村国家自主创新示范区发展建设规划（2016-2020年）》《中关村国家自主创新示范区京津冀协同创新共同体建设行动计划（2016-2018年）》等政策文件的逐步实施，根据上述这些政策文件，已逐步实施跨京津冀科技创新园区链的合理布局。截至2018年6月，曹妃甸示范区累计签约北京项目超过130个，中关村的企业累计在河北和天津建立分支机构7 244家，保定·中关村创新中心吸引近200家企业，天津滨海-中关村科技园区累计注册企业近500家。

二是跨区域创新创业生态系统已经初步建立。积极引导创新创业孵化体系跨区域延伸，开放共享创新资源。例如，中关村科技园区管理委员会（简称中关村管委会）通过市场化运营的方式，引导北京中关村创新资源向天津、河北地区扩散，中关村管委会支持36氪、启迪、北京大学创业训练营、创业公社等创业服务机构在津冀设置分支机构，现已入驻33家机构。中关村管委会联合天津滨海新区人民政府、河北省科学技术厅，支持腾讯众创空间、阿里云创客、百度众筹等创新创业服务机构在滨海新区成立"京津冀众创联盟"等。

三是积极发挥自主创新可控的策源地作用。中关村作为自主创新的重要源头,始终发挥着引领带动及辐射作用,不断进行知识创造和理论创新,超前布局科技创新重点方向,在新兴前沿科技领域(人工智能、大数据、智能机器人、互联网+、生物医药等领域),涌现出一批全球领先的技术和产品,在部分技术上居世界前列。

四是跨京津冀科技创新园区链形成合理布局。聚焦雄安新区及"2+4+N"重点合作平台,中关村先后与雄安新区、天津滨海及河北曹妃甸、承德、保定、石家庄等地在创新创业生态系统构建、园区链建设、产业协同发展等方面进行了积极探索。初步形成了以天津滨海-中关村科技园为代表的两地共建共管园区、以保定·中关村创新中心为代表的技术品牌服务输出、以石家庄正定中关村产业基地为代表的产业链协同创新、以曹妃甸为代表的科技成果转化等多种模式,为京津冀科技园区链的建设进行了体制机制创新和探索。2017年底,中关村管委会与河北雄安新区管理委员会(简称雄安新区管委会)签署共建雄安新区中关村科技园协议,探索发展新模式,共同推进雄安新区中关村科技园建设。同时,科技创新园区链建设成效显著。天津滨海-中关村科技园于2016年9月正式启动建设,截至2018年9月,科技园新增注册企业500余家,吸引了包括百度(滨海)创新中心、京东(滨海)智造空间等在内的一批创新引领型项目入驻,产业聚集态势初现,创新创业生态逐步完善;北京中关村曹妃甸高新技术成果转化基地建设实现突破,截至2018年9月,曹妃甸示范区在建北京项目共计35个,总投资871.53亿元。京津冀区域国家大数据综合试验区建设获国家批复(继贵州之后第二批获批建设的国家级大数据综合试验区),阿里张北云计算数据中心等重点项目启动建设。保定·中关村创新中心试点示范作用初显,150余家知名企业和机构入驻,其中来自北京的企业和机构接近总数的50%,积极打造疏解北京非首都功能的承接地。

五是区域产业转型升级成效明显。京津冀三地集中力量构建"2+4+N"产业合作格局,发展产业转移承接重点平台,推动产业升级发展。中关村科技园区管理委员会联合天津市科学技术委员会、河北省科学技术厅共同印发《发挥中关村节能环保技术优势 推进京津冀传统产业转型升级工作方案》,围绕如何发挥中关村环境治理优势,对北京、天津、河北三地的传统产业转型升级等问题进行了叙述,积极引导京津冀三地科研机构与企业进行跨区域技术攻关工作。

第二节 京津冀科技创新园区链建设关键制约问题

在京津冀一体化背景下,科技创新园区链作为产业协同发展的重要一环,对经济发展至关重要。科技创新园区链是京津冀产业一体化的关键，决定了经济一体化程度。科技创新园区链建设方向是"构建要素聚集、资源共享、产业上下游高效衔接、互利共赢的园区链"，近期目标是形成"以科技创新园区链为骨干，以多个创新社区为支撑的京津冀协同创新共同体"[①]。

随着京津冀一体化深入发展，京津冀科技创新园区协同发展的园区链建设也不断加强。截至2018年6月，曹妃甸示范区累计签约北京项目超过130个，天津滨海-中关村科技园累计注册企业近五百家，保定·中关村创新中心已吸引近200家企业，中关村企业累计在天津和河北建立分支机构7 244家，科技园区链初步发展。虽然京津冀科技创新园区链建设已有初步成效，但是距离理想状态仍有距离，特别与国内另外两大都市圈及产业聚集区长三角、珠三角相比差距明显，需要进一步加快进程。

为深入了解京津冀科技创新园区链发展进程中存在的问题及制约因素，课题组赴中关村科技园海淀园区、天津滨海-中关村科技园、河北保定·中关村创新中心等科技园区，面向园区内的企业发放调查问卷150份，回收有效问卷144份，回收率96%，调查问卷见附录1。调查显示，当前京津冀科技创新园区链面临的关键制约因素十分突出，严重阻碍了下一步发展，其中主要包括创新要素跨区域流动障碍、行业监管转换不顺畅、共享机制不明晰三个方面。

一、创新要素跨区域流动障碍

创新要素流动是指在一段时间内，由于区域创新要素分布不均匀、区域创新要素的需求量存在差异等因素所引起的创新要素在区域内或区域间移动及多创新要素组合运动的过程。创新要素区际流动能够通过提高区域创新能力，促成地区间的资源有效配置，让地区之间相互"搭便车"，从而推动地区产业结构升级，实现三地产业承接，完成园区链建设。对京津冀科技创新园区链而言，三大主要创新要素是人才、技术和资金，在主要创新要素之外，品牌、设备等要素也有一定影响，而创新要素跨区域流动障碍严重影响了园区链建设进程，亟须解决。

（一）创新要素跨区域流动障碍的现状

京津冀科技创新园区链建设受到创新要素流动障碍的影响十分突出，长期以来京津冀地区市场分割指数就高于长三角和珠三角[②]，在三大都市圈建设中处于

[①] 资料来源于内部文件。
[②] 人民日报新论：京津冀协同需要加快产业一体化[EB/OL]. http://opinion.people.com.cn/n1/2017/0328/c1003-29172833.html，2017-03-28.

落后状态。

从创新要素流动整体情况来看，在京津冀科技创新园区中要素流动远远不足，问卷调查结果显示，实现了人才、技术、资金的三大主要要素跨区域流动的企业只占12.68%。在合作方面，只有29.58%的企业经常与京津冀其他科技园区企业开展协同创新合作，33.80%的企业比较少与京津冀其他科技园区企业开展协同创新合作，另外还有39.44%的企业自身合作情况不明晰。在产学研要素整合情况上，只有35.21%的企业与其他企业、高校科研机构建立合作关系，有28.17%的企业刚开始建立与其他企业、高校科研机构的合作关系，同时还有36.62%的企业没有与企业、高校科研机构建立合作。

具体看三大要素跨区域流动情况：在人才方面，北京的虹吸效应十分明显，一方面北京本身具有优质的人才资源，双一流建设高校数量和质量优于其他两地，在人才资源上先天存在巨大优势。据《中国统计年鉴》，京津地区为人口净流入，并且净流入逐年递增，河北为人口净流出，且净流出量逐年递增。虽然根据问卷得知，64.79%的企业有人才要素的跨区域流动，但是方向性单一导致整体流动转换不足。在技术方面，问卷显示59.15%的企业有技术要素的跨区域流动。从技术关键指标专利转让上看，2006~2016年，京津冀三地共转让56 370条专利，京津冀三地之间互相转让的专利一共3 721条[①]，比例仅有6.6%，远远低于各地地区内部专利转移比例，呈现出明显的技术要素跨区域流动障碍。在资金方面，问卷显示28.17%的企业有资金要素的跨区域流动，同时内部比较而言，从2016年数据来看，京津冀中资本主要在北京、天津形成资本集聚中心，资本流动不均衡，同时北京对其他城市的投资引力远超天津对其他城市的投资引力，在资本市场占绝对优势。除了三大主要要素外，也存在品牌、主要研发设施等要素的流动困难，目前部分园区有所突破，如中关村软件园与保定·中关村创新中心园区，二者合作模式是招商引资、服务、要素的全对接，两家园区各出资成立一个公司，以政府搭台、企业运作的方式运行，但是整体上看京津冀的创新要素流动仍然不畅通。

（二）创新要素跨区域流动障碍的原因

1. 基础设施与公共服务差距显著

京津冀三地城市基础设施与公共服务差距显著，是制约创新要素在园区链之间流动的基础性原因。问卷显示66.20%的企业在选择入驻园区时会把基础设施纳入主要考虑因素。北京、天津和河北在城市基础设施与公共服务上呈现"梯度差异"，北京为一线城市，天津为新一线城市，河北的保定、唐山、张家口、承德

---

① 蔡凯，程如烟. 基于专利转让的京津冀技术转移网络分析[J]. 情报工程，2018，4（5）：73-82.

等是三线、四线城市，雄安新区建设刚刚起步，河北的发展基础远不如京津。在经济发展水平上，2017年京津地区生产总值总量分别为2.8万亿元、1.85万亿元，而河北省中经济排名第一的唐山地区生产总值也只有7 106亿元，石家庄为6 461亿元，排在3~5位的沧州、邯郸、保定三市均不到4 000亿元，在人均可支配收入上，2017年京津冀三地分别为57 229元、37 022元和21 484元；在教育水平上，2018年京津冀一本率分别为34.13%、33.64%和10.42%，在高等教育学校方面，北京、天津、河北更是呈现出明显的三个阶梯，2015年每十万人口高等学校平均在校生数分别为5 218人、4 185人和2 141人[①]；在医疗方面，北京有超过60所三甲医院，天津约30所，在河北，即使是省会石家庄也才11所，而保定只有2所，承德只有3所；在养老服务上，2015年京津冀每千人口社会服务事业费分别为102.3万元、49.7万元和24.3万元，京津冀65岁以上人均社会服务事业费分别为9 966.94元、5 173.45元和1 016.50元[①]。

京津冀基础设施与公共服务水平差距与长三角、珠三角地区相比过大，没有形成比较良好的梯度差距：首先，基础设施与公共服务水平对于人才吸引力影响巨大，三地的差别导致人才流向也呈现出北京、天津、河北三级阶梯，造成人才要素流动障碍；其次，基础设施与公共服务水平能够提高技术研发率和转换率，技术研发在基础设施完善、公共服务水平高的地方成本更低，更有利于技术研发成功率的提高，同时降低了技术转换交流的风险，提升了技术转换率，从而影响技术的集中程度，造成技术要素三地的流动率低；最后，基础设施与公共服务水平提高能够影响城市人口的消费需求，提升资本收益率，同时增加资本引入的附加产值，促使资本往北京聚集，没有形成类似长三角的阶段性扩散。

2. 产业链协同不足、竞争有余

京津冀三地产业链协同不足、竞争有余是制约创新要素在园区链之间流动的根本性原因。考虑到京津冀地区处于不同发展阶段，产业结构上要有所区别，发挥各自的不同要素优势，如北京有技术、人才优势，河北有土地、成本优势，天津有海运优势。但是目前从三地支柱产业看，相互重叠严重，如表3.1所示，北京和天津重叠的产业包括金融业、信息、生物医药、新能源四项，北京和河北重叠的产业包括旅游、医药、信息、物流四项，天津和河北重叠的产业包括装备制造、石油化工、信息、医药四项，在其他产业细分下京津冀也有很多重叠。

---

① 河北省发展和改革委员会宏观经济研究所课题组. 促进京津冀基本公共服务均等化研究[J]. 经济研究参考, 2018, (15): 55-64.

表 3.1　京津冀三地支柱产业情况

地区	十大支柱产业
北京	汽车制造业、电力、热力生产和供应业、生物医药、金融业、信息传输、软件和信息技术服务业、科学研究和技术服务业、旅游、文创产业、新能源、物流
天津	批发和零售业、金融业、航空航天、石油化工、装备制造、电子信息、生物医药、新能源、新材料和国防工业
河北	装备制造、钢铁、石油化工、食品、医药、建材、纺织服装、电子信息、现代物流、旅游

此外，以园区为单位，如表 3.2 所示，各园区之间也存在医疗健康、新材料、信息技术等诸多重叠产业，产业的过多重叠导致园区间竞争大于合作，造成目前京津冀三地产业链协同不足、竞争有余的现状。问卷显示，企业在京津冀地区有上下游的企业占比为 84.50%，而这其中没有开展合作的达到 33.33%。

表 3.2　中关村园区链建设主要园区规划产业情况

园区	规划产业
中关村海淀园	医疗健康、智能装备、新材料、新能源、环保、互联网和新一代移动通信、卫星应用、轨道交通
滨海–中关村园	文化产业、医药产业、计算机服务业、软件和信息服务、通信设备产业、科技孵化器
保定·中关村创新中心	智能电网、智慧能源、新一代信息技术、高端装备研发、智能制造
曹妃甸中关村高新技术产业基地	港口物流、钢铁电力、化学工业、装备制造、综合保税、新兴产业、高新技术
雄安新区中关村科技园	医疗健康、金融服务、信息技术、生物医药、节能环保、新材料、生态农业

紧密的产业关系和合理的产业分工合作是科技创新园区链发展的重要推动力，也是区域科技创新园区链可持续发展的保障。产业链的协同不足、竞争有余导致园区间的创新要素形成"地方保护"，严重影响了技术交流的深度和广度，也造成园区产业集聚效应不突出，资本投入风险加大，缺乏稳定性，阻碍了资本的跨区域流动。在产业集群效应不突出的情况下，政策保障和市场机制无法形成合力，"有效市场、有为政府"的局面无法实现，资本要素就会集中在产业基础较好的地区，进一步阻碍了资本要素的良性流动。

3. 京津冀三地交通线还不健全

京津冀三地交通线还不健全，在物质条件上阻碍要素流动是制约创新要素在园区链之间流动的阶段性原因。良好的交通运输条件有利于促进生产要素的流动，从而对产业的布局与发展产生影响，同时交通运输方式对人才的集聚产生重要影响。此外，交通运输与园区链的布局紧密相连，交通运输的发展会带动园区链的兴起与发展，交通运输的衰落也会导致园区的衰败，影响园区链的进一步发展。

具体到京津冀地区，交通主要在两个方面影响要素流动，一是跨城市的通勤交通。在京津冀一体化的要求下，三地在努力打造以北京为中心的一小时通勤圈，但目前还没有成形。北京到天津需要 34 分钟，到滨海新区需要 56 分钟，然而北京到石家庄需要 79 分钟，到唐山需要 77 分钟（到曹妃甸还没有高铁，只能使用公路交通），到邯郸需要 129 分钟，到雄安新区、张家口还未开通高铁。从实际情况看，京津的园区链建设比京冀园区链建设发展更好，其中一个重要的原因就是交通便利能够大幅度降低要素流动成本，提升要素流动广度和深度。以北京为中心的一小时通勤圈之外，津冀之间的交通建设也需要加快进程。

二是京津冀地区的物流情况。京津冀实现园区链建设既要面对内部城市的合作与竞争，又要面临京津冀以外地区的合作与竞争，物流、市场等天然距离优势是形成京津冀内部的创新要素高效低成本流动的基础，而目前京津冀之间的物流相较于以京沪为代表的外部物流优势较弱，需要进一步打通京津冀内部物流的枝节脉络，实现京津冀地区的内部物流低成本、高速度、全覆盖的比较优势。

社会文化、环境生态、园区情况等其他因素也会影响创新要素的跨区域流动，以社会文化为例，部分地区存在利于守旧而不利于进取的文化，如重官轻民、重文轻技的价值观等，在此基础上形成的坚固社会结构阻碍了创新要素的流动。

（三）创新要素跨区域流动障碍的破解思路

（1）加大对河北的扶持力度，给予私营企业更多空间，加强三地公共服务共享，缩小京津冀三地城市基础设施与公共服务水平差距。京津冀城市基础设施与公共服务水平差距过大造成了产业转移承接困难，产生创新要素流动阻碍，在经济发展程度上比较好的学习案例是珠三角、长三角地区，城市间经济发展水平接近，产业有上下游衔接，才能形成梯度的产业承接。一个主要城市向多个承接城市转移的案例是上海的产业转向苏州、无锡等城市的案例，特别是苏州的县比上海的郊区承接上海的企业效果更好，形成了比较好的创新要素流动模式；两个主要城市向一个承接城市转移的案例是广州、深圳两地的产业转向东莞，带动了整个区域协同发展。京津冀介于二者之间，一方面北京向天津、河北产业转移，另一方面北京、天津对河北实现共同转移。长三角、珠三角崛起的一个重要特点是依托一大批乡镇私营企业与外资的融合，对天津、河北的扶持，关键就是扶持天津、河北尤其是河北地区的地方私营企业，同时在招商引资上给予天津、河北更多空间，使得内外融合，迅速加快两地城市群发展，缩小与北京的差距，降低创新要素跨区域流动的成本，促使要素主动、有效流动。平衡三地公共服务水平，尤其在教育、医疗等服务上实现均衡化发展。三地之间公共服务水平差距大，使得创新要素，特别是人才要素过度集中于北京，无法有效流动。在教育方面，适当加大对河北高等教育的投入，一是加快河北高校双一流建设速度，尽快用合并、共建等形式使河北拥有一所归属地在河北的双一流建设高校，两所双一流学科建设高校，同时在京津冀框架内，一本高校录取名额适当向河北倾斜，尤其对雄安新区，采取单独招生或者与北京接轨等方式，减少因后代教育问题而引起的人才流动。在医疗方面，增加三地之间共建医院的数量，给予天津、河北两地不同程度的医疗资源倾斜，特别是让北京医疗资源更多为河北服务，一方面提供技术和资金帮助，另一方面实现三地医师资源互通，特别是让北京医师向河北服务，如提供补助让北京医师一周定期有一天在河北医院进行坐诊等措施。同时在医学院建设上给予河北倾斜，在资金、设备、编制、职称评定上全面支持河北医疗发展，实现三地互通，协调北京高校对雄安新区、保定等地提供支持，加快河北形成自己的医疗人才梯队。

（2）明确产业结构，通过科学研判，确定各地产业布局情况。三地发展要因地适宜，重点引进适合自身发展的产业，避免求新求大的心态，三地共同商讨，确定北京溢出产业方向和天津、河北承接方向，确定产业分工，减少产业发展重叠，由三地协商确定产业分布后上报京津冀协同发展领导小组后发布明文公告，对于非自身主要产业要引向主要发展该产业的城市，设置非主要产业引进的障碍，尤其是对北京招商引资设置更高门槛，减少三地之间产业的恶性竞争，实现三地各自产业的规模化发展。借鉴南京市委市政府统一对各区县实现一区一产业政策，规定各自主要行业的经验，京津冀也要实现各城市之间行业的明晰分工。

（3）完善京津冀跨区域交通服务，实现主要城市、主要园区交通全覆盖。目前京津之间交通已经比较完善，北京到天津市区、滨海新区都有铁路交通、公路交通，但是河北与京津两地交通体系还不完善，一方面加快铁路交通建设，实现三个全覆盖，京津到河北主要城市的高铁全覆盖，京津到河北主要园区的全覆盖，雄安新区到主要城市的全覆盖，阶段性需要加速的是张家口、承德和衡水三地的高铁建设，雄安新区的交通运输体系建设，曹妃甸的铁路建设等；另一方面完善公路交通建设，解决各园区间交通问题，重点解决市与市之间的衔接处的问题。

二、行业监管转换不顺畅

科技创新园区链建设需要一套激励和约束科技创新园区活动的各种具有不同地位和作用的法律、法规、政策耦合而成的制度体系，运用法规政策手段来激励和保障科技创新活动已经成为一种世界性潮流。行业监管作为其中重要一环，在区域发展协同中对园区链的建设和延伸至关重要。

（一）行业监管转换不顺畅的现状

京津冀三地的监管主要分为三种：一是中央政府垂直管理，如海关、金融、外汇管理等领域一直由中央政府垂直管理，国税地税合并后，税务也由中央政府垂直管理；二是省以下垂直管理，如国土资源、环境保护等；三是分级管理，如药品监管机构虽然到省一级管理，但是对药品经营销售等行为的监管，由市县市场监管部门统一承担。

目前由省级政府及以下进行管理的领域一直存在行业监管转换不顺畅的现实情况。典型案例就是中关村科技园（大兴、密云）与沧州生物医药产业园的园区链。中关村各园区的生物医药企业组团式转移到沧州，依靠沧州的成本优势、原料优势、传统资源基础、人才基础进行发展，但是遇到了监管政策冲突，生物医药行业监管实行属地化管理原则，北京生产由北京监管，河北生产由河北监管。但转移的企业强烈要求继续由北京监管，因为转到河北监管，验证周期短则2~3年，长则5~8年，企业难以承受时间成本。最后京冀两地政府在2016年共同向国家申请，集中转移至沧州产业园区的京籍企业名称、注册地址不变，相应产品批准文号不做转移，按照变更生产地址办理，仍由北京市食品药品监督管理局依法实施许可和认证，并负责日常监管。但是此类案例较少，现在各行业来看也都缺乏相应措施。

行业监管转换不顺畅分为两个类型，第一种是跨区域监管规定差异，第二种是跨区域有统一监管规定，但是执行条件、执行程度和隐性要求等区别比较大。第一种情况，企业面临跨区域监管规定不同的问题，一是部分企业受限于自身条件，无法达到新的监管要求，因而无法实现有效流通；二是部分企业调整达到新的监管要求需要付出巨大成本，如中关村园区的生物医药企业案例中体现的时间成本，另外也很容易产生巨大的经济成本、人力成本等；三是部分企业达到新的监管要求后失去原有企业优势，如在环保领域，因为控制部分原料的使用可能导致企业生产成本提高，利润大大缩减。第二种情况，企业面临的是统一监管规定，但是两地在执行条件、执行程度和隐性要求上存在差异，一是执行条件上，人员配备、技术手段和信息水平的区别最为突出，越是高层级城市，监管执行条件越好，越是基层单位，监管执行条件越差，如食品药品监督管理局的人员配备比例就差别明显；二是执行程度上，受到客观条件、执法人员能力等方面影响，不同地方的监管执行程度不同，部分城市监管相对能够按照规定比较细致地执行，部分城市监管则是粗放式执行；三是隐性要求上，部分监管存在层级权限不同、纵向监管部门不统一、横向监管部门有交叉等问题，使得企业在受监管路径上不得不承担一些隐性成本，加重了监管转换的不顺畅。

(二)行业监管转换不顺畅的原因

造成目前行业监管转换不顺畅的主要原因有三个,主要包括法律体系不健全、属地管理灵活性不足、地方政府服务意识不足。

1. 法律体系不健全

法律体系不健全造成监管制度不统一、不完整,进而导致行业监管转换不顺畅。监管本身是一种政府调节机制,是为了保证市场竞争的公平、合理和有序,目前不少行业监管的法律制度还不完善,因而造成各地有各地的监管标准,部分标准差距较大,无法实现跨区域的统一协调。近年来,行业监管跨区域转换问题受到国家层面、地方层面的一定重视,部分行业开始了一些探索,如2016年,中国人民银行总行指导京津冀三地分支机构建立了协调机制;2018年12月,京津冀三地注协行业监管工作交流研讨会召开;截至2018年12月,京津冀旅游市场监管一体化工作推进会也召开了三次。可以看到,关于行业监管法律的问题已经受到各级政府关注,但是目前仍然缺乏进一步突破,应当在京津冀地区首先实现三地监管法律体系的统一协调。

2. 属地管理灵活性不足

属地管理灵活性不足造成监管突破难度大,导致行业监管转换不顺畅。京津冀三地有各自的监管标准,同时各地监管部门在遇到特殊情况时也无法进行特殊管理,类似北京-沧州医药监管的案例很少,主要原因就是监管部门的灵活性缺乏。对于河北来说,部分地级市监管部门要进行申请需要先通过市委、市政府同意,再向河北省监管部门进行汇报,之后由河北省监管部门、北京市监管部门各自请示河北省委、省政府和北京市委、市政府之后共同向国家监管部门进行申请,整个流程涉及层级多,信息传递流程时间久,有些企业可能无法承担时间成本。同时面对转移企业数量不多的情况,部分监管部门也不愿意花费高成本为其争取特殊政策,又增加了行业监管转换的难度,在保障法治建设的基础上,给予基层地方监管部门一定灵活性,才能有效促进企业的跨区域转移。

3. 地方政府服务意识不足

地方政府服务意识不足,政府对企业的视角仍然是管理多于服务,造成企业遇到监管转换不顺畅时政府的转变和支持不足,企业更加不愿意进行属地转换。目前京津冀的政府服务水平在全国范围内算是领先水平,但是与主要产业聚居区相比较,特别是长三角、珠三角地区相比仍然有些落后。目前深圳、杭州等地方政府服务水平、服务意识都十分先进,企业根据监管规定,指标量化达标后,合格企业的牌照、运营许可等证明材料等实现了一站式服务,杭州在2018年还推出了"最多跑一次办公室"的服务承诺，可以说政府的治理体系和治理能力现代化进程领先全国。京津冀作为国家重点发展的三大产业聚集区，政府的服务也要加快发展，从"管理"到"服务"转变，把有为政府与有效市场相结合，政府更好为企业服务，减少企业受限于政府的情况，让企业降低成本，减少更换属地后的监管转换不顺畅。

（三）行业监管不顺畅的破解思路

（1）健全立法体系，在京津冀地区主要产业实现监管制度三地相通。目前中央统一管理的监管体系比较成熟，差异化较小，但是由省级及以下政府进行监管的行业间差距比较大，应该由相关部委牵头，京津冀三地协商完善相关立法工作。具体完善立法包括三个方面：一是对于各行业标准达成统一，形成法律文件，根据地区差异可以略有不同，但差异不能过大；二是对于在京津冀内部企业转移、设立分公司等情况，在办理牌照、许可证等证件时实现三地数据指标互认，如有标准差异过大情况时明确规定可接受范围；三是协调三地行业监管立法程序，统一步调由三地协商后共同向相关部委申请，由部委、三地人大或政府同时发布，促进三地之间的省级监管立法统一步调，协调进展。

（2）给予更多地方监管协调自主权，自下而上逐步打破监管属地性。推广中关村科技园（大兴、密云）与沧州生物医药产业园的园区链关于医药行业案例的经验，由京津冀协同发展领导小组联合主要行业监管所属部委共同发文鼓励地方监管协调，推广经验，在京津冀地区进行试点工作，给予京津冀三地地方监管协调的自主权。同时加强三地行业协会的联合工作，发挥好行业协会的专业属性，通过行业协会梳理各行业内部的监管转换难题，通过各行业自身监管协调实践形成具体专业意见，由三地各行业监管部门通过案例协调逐步融合，实现三地联合监管体系，到三地监管转换比较顺畅后再进行深度规范化管理，自下而上形成体系，成熟后再自上而下进行深度梳理。

（3）提高政府服务意识和水平，加快京津冀地方政府治理体系和治理能力现代化。党的十八届三中全会明确提出国家治理体系和治理能力现代化的目标，十九大强调了国家治理体系和治理能力现代化的要求，京津冀三地需要加快地方政府治理体系和治理能力现代化进程。京津冀三地要深化"放管服"改革，提高政府服务意识和水平，从以党委和政府为治理主体的管理转换到"党委领导、政府负责、社会协同、公众参与、法治保障"的治理格局，具体来讲，要向长三角、珠三角学习：一是规范化服务流程，办公实现进一步公开化，方便企业、科研单位等科技创新主体进行合作，逐步实行服务责任制，对进行咨询的单位或个人的回复要做到流程、材料的无遗漏，简化不必要的流程，全方位降低企业等单位的转换成本；二是制度化服务监管，对于公务人员的服务实行监管，责任落实到人，对于办公失误造成企业额外时间、经济成本的行为进行责任规定，定期进行考核，考核评价体系中纳入被服务对象的打分；三是体系化服务培训，目前京津冀公务人员的整体素质还需要培训，促进公务人员从管理者到服务者的思想转变，加强公务人员对相关政策的解读能力，培养公务人员的服务态度，全方位实现政府服务的职能转换和形象提升。

三、共享机制不明晰

随着区域经济一体化步伐的加快，产业转移和扩散及产业协作关系的加强，政府、企业、高校和科研机构等各方需要建立相关的合作模式和路径来合理分配利益，促进不同类型的园区之间加强合作联系，推动区域园区链形成，形成区域的良性合作。目前京津冀创新科技园区之间还存在共享机制不明晰的问题，共享机制不明晰主要会造成政府、企业、高校、科研单位之间，特别是不同地域各单位之间的核心利益分配问题。

（一）共享机制不明晰的表现

共享机制不明晰主要包括四个方面：一是税收；二是技术；三是人才；四是产权。税收方面，税收是原属地方政府面对归属地企业转移时考虑的重要因素，企业转移造成原属地税收下降是地方政府缺乏动力，甚至有阻力的主要原因；技术方面，技术是企业、高校、科研单位等产学研单位之间的核心要素，企业、高校、科研单位等联合进行技术开发之后技术归属、技术产生收益分配规则不明晰是阻碍产学研单位协调合作的主要因素，特别是异地单位之间地方保护主义因素更为突出；人才方面，高校、科研单位和企业各种单位进行联合培养，人才的归属、使用，以及对人才提供保障，各单位对人才有不同需求，不同单位对人才也有不同指标考核，造成人才共同培养却不能让单位都满意；产权方面，政府、企业、高校、科研单位有共同的土地、设备等资产，产权的分配问题也需要明晰，目前产权不清晰造成单位之间，特别是跨区域单位之间合作存在不信任，大大提高了单位间的交易成本，阻碍了协同发展。

典型案例就是中关村海淀园与秦皇岛分园的园区链。两个园区在利益分配上出现矛盾，两地协商是海淀区和承接地政府各自获取 40%的税收，并将 20%的税收反补给企业，但是最后因两地在税收、地区生产总值核算的问题上造成矛盾而无法推进。政策设计不接地气、有漏洞，限制了实际效果的发挥，如通过政府推动引导技术转移出去的企业，协商税收达到 2 000 万元以上的按照五五分成，但实际上如何界定是政府推动引导的技术转移还是企业自发合作比较困难，企业很容易"钻空子"。政府与政府之间、政府与企业之间等一系列政产学研主体之间的共享机制不明晰大大影响了园区链的形成。

（二）共享机制不明晰的原因

造成京津冀三地共享机制不明晰的原因有很多，主要有四个方面，包括法律授权不足、管理层级过多、低层级协调机制不健全、地方政府竞争程度高。

1. 法律授权不足是共享机制不明晰的根本原因

法律授权不足，对在税收、技术、人才和产权等方面涉及利益分配的问题法律上都没有明确规定是产生共享机制不明晰的根本原因。法律政策本应是协调政府、企业、高校和科研机构在科技创新上的合作与互动关系的基础，法律政策应不断激发科技创新系统的活力，进而达到提高科技创新能力的目的。但是目前法律授权的缺位，特别是关于税收等核心利益规范的缺位，造成地方政府之间的尝试不能规范化。没有规范化的授权，两地政府进行协调时就需要地方政府承担责任，地方政府缺乏明晰动力，反而存在一定阻力，另外在技术方面，目前法律对技术人员的技术专利的保护，对企业出资方的保障相对不足，目前很多企业采取安排企业人员加入研发组以保证专利占比，从而产生了许多矛盾，法律授权不足导致目前很多尝试都只能从侧面进行，从个案进行，无法直接从规范化角度解决问题，影响到园区各要素链的衔接。

2. 管理层级过多是共享机制不明晰的制度原因

管理层级过多造成沟通成本过大，阻碍了有效协调的进行，是共享机制不明晰的制度原因。目前在跨区域的园区链建设中，园区之间的协同合作受属地管理比较多，园区间的合作启动都需要属地地方政府牵头进行，中关村管委会管理的各园区在双重领导时也需要中关村管委会和地方政府对接，决策权限不在园区。而政府间高层次的合作磋商机制尚不健全，尤其是在区域科技规划、科技政策、重大项目、技术标准等方面的沟通协调机制不完善，协同创新缺乏有效的制度保障。以滨海中关村科技园为例，目前很多政策建设的推动都需要北京、天津两级市政府进行协调，园区分别要向中关村管委会、天津滨海新区人民政府进行汇报，再由两个单位向北京市人民政府、天津市人民政府汇报，然后再由两地市人民政府牵头进行协调，一项流程下来十分烦琐，沟通成本很高。同时在基本流程外还可能遇到很多隐性层级，如园区的一些问题还要向滨海新区的功能区协调，中关村管委会的一些问题要和海淀区政府协调等。管理层级过多不仅增加了沟通的时间成本，还增加了信息传递成本，导致共享机制不明晰，阻碍了园区链的建设进程。

3. 低层级协调机制不健全是共享机制不明晰的重要原因

在高层级协调程序烦琐，低层级没有决策权的情况下，低层级协调机制也不健全，无法高效形成协调结果是共享机制不健全的重要原因。协调机制不健全导致跨区域园区的合作策略和现实情况结合程度不够，进一步增加了园区链建设的进程难度。因为各园区本身层级有所不同，需要建立的协调机制也不是统一的，包括园区管委会[①]之间、管委会部门之间、管委会与部门之间的立体协调机制，同时目前机构建设也不健全，各园区部门建设也没有统一，造成了更多困难，进一步导致了共享机制不明晰。而低层级协调机制不健全与京津冀三地政府对待科技合作的积极性和动机均有较大差异有关。

4. 地方政府竞争程度高是共享机制不明晰的现实原因

地方政府间的竞争程度高，相互之间竞争突出造成地方保护主义是共享机制不明晰的现实原因。长期以来，"属地管理"原则造成各地政府过分地强调本地经济增长，这一现象在京津冀地区尤为突出。京津冀协同发展战略实施以来，京津冀三地签署了一系列合作协议，京津冀一体化进程不断深入，地方政府间合作程度越来越高，但是地方政府的竞争依然存在。地方政府竞争是目前共享机制不健全的深层次的现实原因，地方政府竞争性关系导致地方政府在对政绩有影响的企业上存有地方保护主义，都想把部分优质企业放在自己管辖区域，而不是协调产业布局，形成比较完善的共享机制。

（三）共享机制不明晰的破解思路

（1）中央整体布局，进行法律授权，下放权限，加强监管。面对京津冀法律授权不足的问题，解决思路主要有两种：第一种方案是针对京津冀地区实现企业转移、技术专利保障等协调机制，实现税收分成的合法化，技术专利保障多方均衡，由中央部委负责指定规定；第二种方案是中央相关部委明确给定规定范围，给予地方更多权限，具体利益分配由地方协商确定，向中央相关部委和各级司法部门备案，中央部门进行监管。由于京津冀的区域特性和目前主体间利益分配的规则，第二种方案更为合适，在法律范围内允许三地地方政府、企业等主体间进行利益协商制定分配机制，签署协议、界定好争议条款后向中央相关部门和司法部门备案，中央部门进行监管，遇到主体间矛盾时进行协调，司法部门进行仲裁。

（2）减少管理层级，给予管委会更多权限。明确属地管理和管委会体系双重管理的各自权限，明确权限范围，将部分协调权限下放到园区管委会，地方属地进行监管。以滨海中关村科技园为例，明确好中关村管委会和滨海新区各自的管理权限，如遇到中关村海淀园企业迁移至滨海中关村科技园此类涉及利益分配

---

① 管理委员会，一般又简称管委会。

问题时，由中关村淀园和滨海中关村科技园得到属地上级单位授权进行协调签署协议，交由上级单位备案即可。园区与园区之间能够实现直接对话、决策，由属地地方政府监管，能够提高利益机制形成的效率和实现可能性，实现利益分配的合理分成有利于各主体的协同创新。

（3）建立京津冀科技创新园区联盟体系，拓宽园区管委会沟通平台，建立管委会立体结构协调机制。目前高层级协调机制不健全，而且高层级沟通事务繁杂，无法专心于园区链建设，需要园区管委会及下属部门发挥更多沟通职能，探索高效协调方案。京津冀开发区创新发展联盟目前平台层级还相对较高，还需要在广泛的科技园区范畴建立联盟，拓宽京津冀各科技创新园区管委会沟通平台，为管委会立体协调奠定组织基础，促进各级管委会之间、管委会部门之间更多沟通，促使园区链建设的深化。

（4）将京津冀园区链建设纳入地方政府考评，减少地方政府竞争阻力。地方政府间的竞争关系在现有体制中一直存在，共享机制核心就是要实现地方政府间合作，二者存在结构性矛盾，要减轻矛盾造成的阻力，就需要在矛盾点增加激励，将京津冀园区链建设纳入地方政府考评，为地方政府就园区之间的共享机制达成合作增加动力，减少地方政府竞争带来的阻力影响，特别是在地方官员晋升等方面纳入考量，促使各地主动探求合作，形成共享机制良性协调，实现共享机制的明晰。

第三节　本章小结

"京津冀科技创新园区链"的概念是在《中关村国家自主创新示范区发展建设规划（2016-2020年）》和《中关村国家自主创新示范区京津冀协同创新共同体建设行动计划（2016-2018年）》中提出的。经过建设，形成了"4+N"即天津滨海-中关村科技园区、河北曹妃甸协同发展示范区、北京新机场临空经济合作区、河北张承生态功能区4个战略合作功能区及保定等若干产业项目承接地的京津冀科技创新园区链的建设思路，同时也为园区链的建设指明了发展目标。

"京津冀科技创新园区链"作为一个新兴理念，也在逐步发展并日渐饱满。随着雄安新区的设立，为构建京津冀科技创新园区链提供了空间支持，与北京城市副中心一起构成了北京的"两翼"，将原有的重点区域变成了"2+4+N"乃至"2+4+46"，"2"是围绕北京城市副中心、河北雄安新区，增强北京新的"两翼"高端产业吸引力。"4"是集中力量打造四大战略合作功能区。"N"（46）是合力打造一批高水平创新平台和专业化产业合作平台，完善了原有的园区链建设思路。

京津冀地区深入贯彻落实协同发展的战略部署，打造了科技创新园区链内区域发展的新格局，对园区链覆盖的京津冀地区经济发展起到了良好的驱动作用。同时在创建京津冀科技创新园区链时，所确定的协同创新机制和支持政策取得重点突破、跨区域创新创业生态系统初步构建、自主创新的重要源头和原始创新的主要策源地作用进一步增强、跨京津冀科技创新园区链形成合理布局、区域产业转型升级取得明显成效五大目标均得到了贯彻实施。

整体来看，随着京津冀一体化深入发展，京津冀科技创新园区协同发展的园区链建设也不断加强，三地联合发展，京津冀科技创新园区链建设已有初步成效，但是距离理想状态仍有距离，特别与国内另外两大都市圈及产业聚集区长三角、珠三角相比差距明显，需要进一步加快进程。当前面临的关键制约因素十分突出，严重阻碍了下一步发展，其中主要包括创新要素跨区域流动障碍、行业监管转换不顺畅、共享机制不明晰三个方面。

首先在创新要素跨区域流动障碍上，创新要素主要包括人才、技术、资金三个方面，此外还涉及品牌、设施等方面，主要包括城市基础设施和公共服务、产业发展结构、交通条件等方面的原因，破解思路上，一是加大对河北的扶持力度，给予私营企业更多空间，加强三地公共服务共享，缩小京津冀三地城市基础设施与公共服务水平差距；二是明确产业结构，通过科学研判，确定各地产业布局情况；三是完善京津冀跨区域交通服务，实现主要城市、主要园区交通全覆盖。

其次是在行业监管转换不顺畅上，行业监管转换不顺畅分为两个类型，第一种是跨区域监管规定差异，第二种是跨区域有统一监管规定，但是执行条件、执行程度和隐性要求等区别比较大，具体原因有法律体系不健全、属地管理灵活性不足、地方政府服务水平不足。破解思路上，一是要健全立法体系，在京津冀地区主要产业上实现监管制度三地相通；二是要给予更多地方监管协调自主权，自下而上逐步打破监管属地性；三是要提高政府服务意识和水平，加快京津冀地方政府治理体系和治理能力现代化。

最后是京津冀创新科技园区之间还存在共享机制不明晰的问题，共享机制不明晰主要包括税收、技术、人才和产权四个方面，具体原因包括法律授权不足、管理层级多、低层级协调机制不健全和地方政府间的竞争仍然突出等方面。破解思路上，一是要中央整体布局，进行法律授权，下放权限，加强监管；二是要减少管理层级，给予管委会之间更多权限；三是要建立京津冀科技创新园区联盟体系，拓宽园区管委会沟通平台，建立管委会立体结构协调机制；四是要将京津冀园区链建设纳入地方政府考评，减少地方政府竞争阻力。

第四章 京津冀科技创新园区链典型案例、模式与路径

随着京津冀协同发展国家战略的推进，京津冀协同发展的进程日益加快，在科技园区的建设方面主要以中关村科技园在河北、天津等地共建园区、创新中心、成果转化基地的形式推进。目前在京津冀地区已经建设成以天津滨海-中关村科技园、北京中关村曹妃甸高新技术成果转化基地、保定·中关村创新中心、雄安新区中关村科技园为代表的一批科技创新园区链的重点合作园区，而依托于这些园区，跨区域布局型和平台型的一些典型项目涌现出来。在对这些重点合作园区及典型协同创新项目进行调研和分析的基础上，本章还论述了多种京津冀科技创新园区链的发展现状和趋势，并总结了京津冀区域科技创新园区链的发展模式及发展路径。

第一节 京津冀科技创新园区链建设重点合作园区

一、天津滨海-中关村科技园

（一）天津滨海-中关村科技园建设基本情况

1. 建设概况

党的十九大报告中提出加快建设创新型国家[①]。要实现创新驱动区域协调发展，创新在引领经济发展中的重要地位凸显，是建设现代化经济体系的战略支

---

① 习近平. 决胜全面建成小康社会 夺取新时代中国特色社会主义伟大胜利——在中国共产党第十九次全国代表大会上的报告[M]. 北京：人民出版社，2017.

撑。中央政治局会议审议通过的《京津冀协同发展规划纲要》中将推动京津冀协同发展提升到重大国家战略的层面，并明确提出要加快建设天津滨海-中关村科技园。2016 年 9 月 28 日，京津两市签订了《加快建设天津滨海-中关村科技园合作协议》，中关村管委会、天津市滨海新区人民政府签订了《共建天津滨海-中关村科技园协议》，由此天津滨海-中关村科技园管委会正式挂牌成立。两地政府对于共建科技园区高度重视，明确以共建共管为园区建设与运营的主要思路，确立了双组长、双主任的制度，两市常务副市长任组长，分管副市长任副组长，中关村科技园区主任和滨海新区区长任双主任。

园区起步区规划用地 10.3 平方千米，总建筑面积 575 万平方米。土地性质为零工业用地，可出让土地面积 485 公顷，目前已出让 274 公顷。初步建成研发、办公楼宇 65 万平方米，住宅 73 万平方米，北塘古镇 45 万平方米。园区规划人口 8 万人，目前常住人口 3 万人[①]。

2. 整体建设思路

园区确立了引项目、搭平台、强服务、做示范的运营思路，以体制创新、政策突破、资源共享、协同发展为工作举措，整合六大创新要素，构建有滨海特征的类中关村创新创业生态系统。

3. 服务平台

天津滨海-中关村科技园目前已经形成了五大公共服务平台，具体如下所示：①科技服务平台，以天津科技大学、国家超级计算天津中心、天津国际生物医药联合研究院、中关村智造大街滨海项目等为依托为园区内企业的协同创新提供便利服务；②交流合作平台，目前已经形成创新行、九河创新汇、智库平台、国际合作平台等，给园区内的企业提供交流合作的便利；③展览展示平台，目前已经建设成天津滨海-中关村协同创新展示中心和天津滨海-中关村协同创新示范基地两个品牌窗口，园区内企业可以借助这两个展示平台对外展示企业的最新创新成果与产品；④行政服务平台，对于园区核心业务，新区现有行政审批中心和知识产权中心；⑤孵化平台，包括雨林空间、百度创新中心、京东云创空间、北创百联、碳立方等在内的知名孵化器在园区发挥作用，已经孵化成功一批具有创新视角的新兴产业项目，营造了浓厚的创新创业氛围，形成了良好的创新创业生态。

4. 产业布局

天津滨海-中关村科技园目前涉及文化产业、医药产业、计算机服务业、软件和信息服务业、通信设备业和科技孵化等六大产业集群，依托园区和滨海新区

---

① 资料来源于内部文件。

两个主导优势,围绕园区核心产业和整体布局体系,结合各地优势资源协同创新,重点在生命科学、新一代信息技术和军民融合三大领域进行产业集中,目前已有企业 500 余家,来自北京的企业有 200 余家,典型落地企业包括致导创新(天津)科技有限公司、天津威努特信息技术有限公司、天津中创信测科技有限公司、百度(滨海)创新中心、京东(滨海)云创空间等。

5. 配套设施

配套设施上,规划建设园区内办公与研发使用楼宇 110 万平方米,目前已初步建成 65 万平方米,办公楼宇多样化,有小型联排、大型独栋、分楼层等多种形式,供不同类型、不同规模企业使用,建筑面积 300~12 000 平方米。区域内的教育设施有北京师范大学附属学校、天津南开中学附属学校、蓝天北塘幼儿园、北塘学校等,医疗设施有天津市滨海新区中医医院、天津医科大学中新生态城医院、北京大学滨海医院、天津市泰达医院等,便捷的生活配套设施可以为在园区内工作生活的人员提供日常生活保障,也更加有利于园区的人才引进。

6. 产业政策[①]

(1)财政支持:自开业年度起,参照入驻企业缴纳的增值税及企业所得税园区留成部分按最高 80%标准给予连续 5 年财政扶持。

(2)房屋补贴:对入驻企业在园区内办公的楼宇空间,截至 2019 年底,给予全额租金补贴,并为办公空间提供 500~1 000 元/米^2 的装修补贴。

(3)薪酬补贴:对入驻企业所聘用的高级管理人员,参照其缴纳工资薪金个人所得税园区留成部分,前三年按照 100%标准,后续两年按照 80%标准给予连续五年奖励。

(4)人才落户:按照最新的"海河英才"人才行动计划,即《天津市引进人才落户实施办法》执行,对学历型、资格型、技能型、创业型、急需型五大类人才放宽引进条件。

(5)重大科技平台资助:由国内外著名科学家牵头组建的重大科技创新平台,给予最高 1 亿元科研经费资助,对新引进的国家级重点实验室、工程实验室、工程(技术)研究中心、企业技术中心等,给予最高 3 000 万元的科研经费支持。

(二)天津滨海-中关村科技园建设成效与制约问题

1. 建设成效

天津滨海-中关村科技园产业协同创新初见成效,由中关村引入的企业与天

---

① 政策内容由天津滨海-中关村科技园提供。

津本土企业协同发展，自天津滨海-中关村科技园管委会揭牌以来，新增注册企业705家，注册资金91.8亿元，其中来自北京的企业有200余家，京津冀创新园区链雏形显现。以运营单位为抓手，大力开展创新资源导入与服务工作，为形成良好的创新创业生态体系，聘任了38位双创导师，园区内有26家企业成为京津冀协同创新发展联盟成员，挂牌成立天津（滨海）海外人才离岸创新创业基地和天津科技大学大学生实践育人基地，促进了创新人才要素的跨区域流动配置。着眼全球，激发国际合作活力，与德国、美国、芬兰等多个国家建立了互联互通的合作通道。

2. 制约问题

（1）管理层级过多，政策突破难度大。

京津两市的政策十分多样，但在具体实施过程中，由于跨区域合作，多个部门、多套流程就会在一定程度上影响政策出台的效率和实效。涉及滨海园区的相关政策落地都需要北京、天津两个省部级单位进行协调，在京津两地中又存在中关村科技园、滨海新区政府这个层级管理，滨海新区中关村科技园的管理权限和层级不够，产生了事权不等的情况，进而由于管理层级多，政策突破难度变大。特别是对滨海新区这一科技园区而言，一方面，企业选择入住园区时就需要考虑园区对企业的政策扶持，政策突破的难易程度对于企业而言十分重要；另一方面，企业最需要的服务也集中在园区可以提供的政策方面，特别是与政府的关系协调，因此管理层级过多的问题会减弱园区对外来企业的吸引力。

（2）产业结构与其他园区存在重合，园区链联动效果欠缺。

北京的企业资源十分丰富，虽然京津一体化合作不断深化，北京优质企业资源在京津两地根据实际需要合理配置，形成了科技园区链的上下游关系，但是企业在北京周边和河北也形成了大量分流，分流到天津的企业也受到天津其他区域和功能区的竞争，相互之间的产业布局分工存在重合，导致园区间合作机制不够完善，与其他园区之间还有很多竞争关系，科技园区链的联动效果不明显。从调研结果来看，超过一半的企业缺乏与京津冀其他地区企业协同合作，接近半数的企业在园区内的协同合作比较困难，接近半数的企业缺乏京津冀地区的上下游企业合作。不同创新资源跨区域开放共享、天津各功能区之间联动发展等方面，在实施层面都存在一定难度。从调研结果看，只有不到20%在各方面要素能实现比较好的流动，在人才、技术、资金三大主要要素中，只有人才流动在超过一半的企业中达到实现，技术流动则是三大要素中最弱一环，需要进一步完善。

二、北京中关村曹妃甸高新技术成果转化基地

（一）北京中关村曹妃甸高新技术成果转化基地建设情况

唐山市曹妃甸区出台的《打造北京中关村曹妃甸高新技术成果转化基地工作方案》中提出了要建设高新技术成果转化基地的目标，方案中明确部署了一系列的措施，且已经落实到位。

在地理区位上，曹妃甸位于环渤海地区的中心地带，土地资源丰富，目前成果转化基地的基础设施已经完备，工作方案指出，为了给成果转化基地提供全方位的保障，要求政府、企业及市场专业服务机构协同融合，共同推进成果转化基地的建设。

建设目标：①打造一个立足唐山，辐射京津冀地区，在京津冀地区具有一定影响力的高新技术成果转化基地；②创建一个省级高新技术成果转化服务平台；③布局一个特色孵化器，推进高科技成果的转化落地；④创建5个众创空间，专为支撑高新技术的产业发展；⑤引进100名高端科技创新人才，吸引人才资源向曹妃甸地区集中。

曹妃甸为进一步优化产业布局，更好地实现成果转化的承接，提出了"四个一"的要求，其内容如下：①设立一个推进机构，充分承接人才资源，为人才资源的本地落户提供更加便利的条件；②开办一个信息服务平台，及时筛选创新成果信息，与京津冀地区的高新技术产业实现网上对接，降低技术要素流动的时间成本与经济成本，加强技术资源的流动与跨区域配置；③创建一个高新技术成果转化的孵化平台，吸引京津冀地区和国内外科研机构和高新技术企业来孵化成果，进行产业转移；④制定一项专项的扶持政策，对于高新技术企业，在土地、金融、财税等方面有所倾斜。

曹妃甸区人民政府已经制定《关于推动科技创新与新兴产业发展的若干意见》以进一步加快实施创新驱动发展战略，进一步优化营商环境，引导国内外优质资源向曹妃甸快速集聚，打造优势产业集群，推进科技型发展进程。

（1）支持战略性新兴产业发展，大力推动人工智能、大数据、新能源汽车、新材料等新兴产业发展，对引入的新兴产业项目参照对地方税收的贡献给予较大力度的财政支持，对新兴产业工业项目的企业用地、企业办公场所等给予减免租金、减免物业水电网络费用等优惠政策。

（2）支持企业开展技术研发，重点引导和支持企业加大研发投入，实施科技成果转移转让。对研发经费内部支出占主营业务收入一定比例之上和承接高校院所成果转化成效明显的科技型企业，给予奖励资助，对于组织实施重大科技项

目攻关的企业，按项目给予最高 500 万元的资金支持。对于在曹妃甸区域内注册的企业，在开展技术开发转让活动时，政府按交易额按比例给予补贴，对于获得国家和国际授权发明专利的企业，给予专利申请奖励与专项资金。

（3）支持企业发展壮大。培育中小企业发展，大力推进领军企业、成长型企业跨域式发展。对于认定的国家省市级国际科技合作示范企业、省级"专精特新"中小微企业、高新技术企业、科技小巨人企业等多类型企业给予补贴与奖励。

（4）支持企业技术改造。支持企业改造提升，推动传统产业提档升级。对于大规模技改项目、两化融合试点企业平台项目给予奖励。

（5）支持科技创新机构建设。引导企业建立各级各类研发机构和平台，为企业发展提供内生动力。对于达到资质的企业技术中心、工程研究中心、重点实验室、公共服务示范平台等给予资金补助。对于各类创业平台、市级科技创新园区、设立院士工作站的企事业单位、博士后科研工作站、博士后创新实践基地，政府在财政上予以相应经费资助与奖励。

（6）支持科技金融发展，建立健全科技创新金融体系，提高科技公共服务水平，对科技型中小企业贷款按比例给予贴息，政府财政出资设立引导基金，鼓励创投机构领军企业等参与，设立 1 亿元的"科技创新和新兴产业引导基金"，对创新载体和科技类型中小企业进行投资，提供金融服务。

（7）支持高层次人才创业创新。加快高质量人才引进和本土企业家培训，为曹妃甸高质量发展提供人才支撑。对于符合各类人才计划的引进人才给予科研经费补贴和生活补贴。

曹妃甸区人民政府通过已经制定的一系列政策，充分吸引资本、人才、技术等创新要素向曹妃甸地区集聚，实现创新要素的自由流动、合理配置。

（二）北京中关村曹妃甸高新技术成果转化基地建设成效及制约要素

1. 建设成效

北京中关村曹妃甸高新技术成果转化基地目前仍然处于建设的初期，基础设施已经建设完成，集群研发区、企业孵化区、生活服务区三大区域的建设已经完成，政府已经出台了一系列推动科技创新与新兴产业发展的指导意见文件为高新技术成果转化基地的建设指明方向，促进了资本、人才、技术等创新要素的集聚。

2. 制约问题

（1）京津冀地区同质化竞争激烈，园区定位不够清晰。

为响应国家京津冀协同发展的大战略，京津冀地区涌现了大批的科技产业园区，而北京中关村曹妃甸高新技术成果转化基地仍处于建设阶段，同类竞争相当激烈,后期进一步的发展需要对科技产业园区的行业定位更加明晰,构建更加合理清晰的产业园区创新链,避免同类竞争,促进各创新要素在园区链上自由流动与合理配置,打造更大范围内的科技创新园区链。

(2)发展未成规模,对人才资源的吸引力有限。

由于北京中关村曹妃甸高新技术成果转化基地目前仍处在建设的初期,其对企业和人才资源的吸引力明显弱于已经成型的科技园区,因此在后续的发展建设中,人才要素与资本要素会出现短板,需要构建完善的创新园区链,优势互补,促进生产要素的流动配置。

(3)资本的创新作用不明显。

北京中关村曹妃甸高新技术成果转化基地目前的发展主要依赖于政府的政策扶持,企业主体地位不凸显,社会资源尤其是资本要素在创新成果转化过程中的作用不明显,市场对于创新要素的支配作用相对较弱,缺乏对社会资本的吸引力。

三、保定·中关村创新中心

(一)保定·中关村创新中心基本建设和运营情况

保定·中关村创新中心是在全国范围内首家由中关村在北京以外地区设立的创新中心,是在京津冀一体化国家战略的大背景下成立的协同创新基地。保定·中关村创新中心的运营模式为轻资产、重运营、重服务,以创新为核心,利用智库共享平台、展示中心、创新行、雨林空间四个开放性支撑平台,汇集资本、人才、创新文化、科研机构等创新要素,打造类似于中关村的创新生态体系,服务于保定的整体城市发展,进而推进京津冀地区创新协同发展。保定·中关村创新中心重点发展智能电网、智慧能源、新一代信息技术、高端装备研发和智能制造五大产业。保定·中关村创新中心有三大建设目标,如下所示:①探索建立京津冀区域内创新资源和创新成果共享机制;②缓解北京的产业过剩的状况,疏解北京非首都功能;③引导科技创新要素的合理配置,促进保定地区新旧动能转化和产业结构升级调整。

2017年12月,中关村管委会与保定市人民政府签署的《关于深入推进保定·中关村创新中心建设的战略合作框架协议》规定保定·中关村创新中心的建设将围绕"一个中心,一个基地,多个园区"的发展格局,推进区域内创新发展要素合理流动,创新链、产业链、园区链紧密协同,推动两地科技创新产业的协调发展。

（二）保定·中关村创新中心建设成效与制约问题

1. 建设成效

保定·中关村创新中心的建设已经初见成效，已吸引包括阿里巴巴、海康威视、华凯光子、翰阳科技等 200 余家知名企业和机构注册办公。据统计，入驻企业累积研发投入已经超过 1 亿元，并且已经申请两百余件知识产权，吸引 3 000 余位双创人才。运营团队先后累计举办了百余场创新活动，汇聚超过 6 000 家来自国内外相关领域的企业赴保定参加活动。保定·中关村创新中心已经初步成为京津冀科技园区链上的重要环节，承接来源于北京的创新发展要素，通过资本、管理、人才、服务输出等协作方式，打造具有保定特色的协同创新平台，并为生产要素在京津冀范围内的合理配置与流动做出积极贡献。

2. 制约问题

（1）创新链条互补性不强，创新生态互相借鉴有待加强。

经过两年多的实践，一个聚集政策、人才、资本等创新要素为一体的协同创新平台已初步建成，但是在京津冀地区同类型的平台数量仍旧匮乏，创新链条之间的互补有待加强，互相学习先进经验的难度较大。

（2）新型创新生态体系与传统工业基础的融合仍需进一步磨合。

在保定·中关村创新中心的建设规划中重点发展智能电网、智慧能源、新一代信息技术、高端装备研发和智能制造五大产业，但是与之相关的工业基础相对薄弱，尽管通过产业链、创新链的构建已引入人才技术等生产要素，但新进创新要素与传统工业的磨合仍需一段时间。

四、雄安新区中关村科技园

（一）雄安新区中关村科技园建设基本情况

1. 建设背景与目标

为深入贯彻习近平总书记关于规划建设雄安新区的重大战略部署，落实北京市人民政府和河北省人民政府签署的《关于共同推进河北雄安新区规划建设战略合作协议》的工作要求，2017 年 12 月 29 日，中关村管委会与雄安新区管委会正式签署共建雄安新区中关村科技园协议，双方将以"布局超前、体系完备、宜业宜创、引领未来"为目标共同打造科技新城。按照"世界眼光、国际标准、中国特色、高点定位"的要求，以高精尖聚集为核心，以政策、技术、人才、资本四大要素深度衔接互动为支撑，在新一代信息技术、生命健康等产业领域发挥高端引领示范作用，建设成为可复制、可推广的高科技、高质量发展样板及京津冀协同创新示范引领区，推动雄安新区实现高质量发展。

2. 建设概况

根据雄安新区建设现状，先期选址雄县经济开发区，建设雄安中关村科技产业基地，引导相关企业在基地发展。目前已有碧水源、东方园林、东方雨虹、广联达、雪迪龙、清新环境、神雾等共十余家中关村节能环保及智慧城市服务企业与雄安新区签署战略合作框架协议，进驻雄安新区中关村科技园。

（1）整体建设思路。

按照"高起点规划，高标准建设"的工作思路及"整体规划、分步实施"的原则，以雄安新区中关村科技园为示范点，打造高质量、高科技区域协同创新样本，建设"布局超前、体系完备、宜业宜创、引领未来"的京津冀协同创新示范引领区。

（2）产业布局。

雄安新区中关村科技园将紧密围绕雄安新区发展高新高端产业的需求，构建一流的承接平台，分步骤完成产业布局。作为先期探索样板，雄安新区中关村科技园产业定位总体思路以高起点、高质量、高科技为定位标准，以新一代信息技术为先导培育创新生态系统，进而打造高端制造和科技服务业融合发展的现代产业体系。依托中关村产业资源，重点聚集、培育新一代信息技术、生命健康产业及科技服务业三大产业。

（二）雄安新区中关村科技园建设成效与制约问题

1. 建设成效

雄安新区中关村科技园作为雄安新区创新驱动的主要一环，承担着雄安新区新政策、新机制、新模式先试先行的重任，将努力建设成为可复制、可推广的高科技、高质量创新平台发展样板。科技园与雄安新区的规划建设保持同步，将采取"边规划、边运营、边建设"的模式开展建设工作。

2. 制约问题

（1）科技创新园区链建设效果不显著，创新要素聚集和流通程度不高。

中关村国家自主创新示范区自成立发展至今，创新要素的聚集提供了源源不绝的发展内生动力，依托北京丰富的科研院所及大学资源，中关村实现了原始的建设积累。雄安新区作为非首都功能疏解的集中承载地，在建设初期其自身创新要素的质和量恐怕难以满足中关村科技园的建设需求。

（2）市场资源的自由配置与流通有待加强。

中关村的成功，市场资源的合理配置功不可没。灵活的民营经济体制，以市场为导向的科技创新资源，源源不断的资本投入推动中关村成为创新产业聚集的沃土，不断培育出一个个特征鲜明的优质企业。这与北京发达的市场体系和丰富的资源密不可分。雄安新区作为政策主导的新型城市，如何建立良好的市场体系，吸引市场资源并良性对接，将成为中关村在雄安新区健康发展的重要因素。在这一层面上，虽然在科技创新园区链上已经有生产要素如人才、资本的流动，但是市场资源的充分自由配置与流通还有待进一步的加强。

（3）对于科技创新园区链建设中具有指导意义的优惠性政策还不完善。

作为重要生产要素人才的引入，高新技术的认定、外籍高层次人才绿卡等政策还不完善，而中关村作为国家自主创新示范区，这些政策得以率先示范并且成为中关村快速发展的强力推手。雄安新区作为开放发展的先行区，具体政策的制定和落地都将成为雄安新区中关村科技园发展的重要保障。

第二节 京津冀科技创新园区链建设典型协同创新项目

随着京津冀地区科技园区的发展，一些典型的协同创新项目显露出来，从项目的特质上看可以分为跨区域布局与产业链协同型和平台型两大类。跨区域布局与产业链协同型主要是指某一企业或企业群将生产链上的各个环节按需配置、跨区域布局，从而实现带动全产业链协同发展以获得最大效益。而平台型主要是指企业依托于科技园区或创新中心的研发创新平台，进行高科技技术的研发与推广应用。

一、跨区域布局与产业链协同型

（一）天津滨海-中关村科技园京东云创空间

1. 项目概况

京东（滨海）云创空间是天津滨海-中关村科技园管委会引入并与京东集团、牛棚科创共同打造的众创空间项目，在行业内处于领先地位，并集合互联网运营的技术及能力帮助传统企业进行互联网融合，充分利用"互联网+"的产业红利，推动传统产业的升级转型。建设总面积达4 700平方米，将建设"一个平台四个基地",即协同创新平台、产业转移基地、产业聚合基地、产业服务基地和产业孵化基地,计划在3年内培育成功100支创业团队。

2. 项目特色

借助京东集团在云计算、大数据等方面的长期实践经验与成熟的技术,深度融合天津市特别是滨海新区的产业资源,打通创新产品从研发设计到制造销售的产业链。

打造区域内特色产业发展的创新模式,推动天津特别是滨海新区传统产业新旧动能的转换和产业结构升级。

集中发展互联网技术、人工智能、大数据、电商运营、产品众筹、文化创意等特色产业。

打通滨海新区与北京在产业领域资源、人才、资金、技术等方面的链接,将滨海新区打造为优质电商产业内容跨区域转移的最佳目的地。

京东云创平台的打造有助于京津冀科技创新园区链上的创新要素的流动,打通了创新、设计、制造、销售的产业链,以产业链的形式实现了跨区域的协同创新。

(二)天津滨海-中关村科技园百度创新中心

1. 项目概况

百度(滨海)创新中心项目是由天津滨海-中关村科技园管委会、北京百度网讯科技有限公司合作共建的平台生态级企业孵化加速器和京津冀协同创新加速器,也是百度项目在全国布局中首个落户直辖市的百度创新中心。建筑面积5 000平方米,该项目将基于百度全产业链的创新创业生态体系的战略布局,为人工智能、大数据、云计算领域企业提供专业服务。

2. 项目特色

百度(滨海)创新中心将基于人工智能、大数据、云计算三位一体的战略布局,将北京的先进创新资源引入天津,协助天津企业实现技术创新。

为天津本地企业提供全产业链的服务及多层次金融与资本机构的资金对接服务,为天津的企业提供更加全面优质的创新创业环境。

百度(滨海)创新中心利用百度的战略优势,实现了京津跨区域的资金和产业链服务,为天津地区企业提供更好的创新创业环境,协助创新要素资本跨地域的流动与配置。

二、平台型

1. 项目概况

在中关村·保定科技创新中心的协同创新平台的基础上,由清华大学物理系教授、博士生导师何元金及清华大学自动化系、中国发明专利《溴化镧铈闪烁晶体》的发明人郝佳亲自带队研发运营的河北华凯光子科技有限公司于2018年3月成立,主要经营溴化镧铈闪烁晶体与探头的研发、生产和销售。该公司为国内率先成功研制并量产大尺寸溴化镧铈闪烁晶体的公司,这为我国自主研制出高性能γ谱仪打下了很好的器件基础。通过自主创新,潜心研发,河北华凯光子科技有限公司发明了独特的晶体生长工艺及设备,打破了美国独家垄断地位,使我国成为世界上除美国外第二个能工业化生产溴化镧晶体的国家。

2. 项目特色

跨区域创新资源成果共享。得益于保定·中关村科技创新中心的多个开放性支撑平台,北京的人才团队、知识产权在保定成功走向市场,高校院所的科研成果借助转化平台从研发走向产业化生产,促进了我国的自主创新,激发了科研工作者的研发激情。

保定·中关村科技创新中心搭建了专业的创新服务平台,将保定的区位优势和北京的人才资源相结合,对两地创新生态的构建起到了很好的支撑作用。

第三节 京津冀科技创新园区链发展模式

根据现已形成和正在建设的多条京津冀科技创新园区链的特色,可将其发展模式分为四种:共建共管共运营发展模式、技术品牌服务输出发展模式、产业链协同创新发展模式和科技成果转化发展模式。不同发展模式的科技创新园区链具有不同的优势和弊端,在具体实践中,应注重从实际出发进行科学分析,综合不同发展模式的特点,优势互补,扬长避短。

一、共建共管共运营发展模式

共建共管共运营发展模式以天津滨海-中关村科技园科技创新园区链为代表。

（一）概况

共建共管共运营发展模式的科技创新园区链两端园区所在地的科技、教育、医疗、卫生等资源禀赋相对落差较小，均存在绝对优势。该模式下相对发达一端的园区在政策支持、创新氛围上竞争力较强，具有良好的基础和输出条件。在土地资源、人力资源上，该模式下新建园区具有后发优势，能够提供充足的土地和人力资源以承接园区链上相对发达一端园区的产业和服务输出。该模式下，园区链一端的园区将先进的管理经验、先行先试的政策支持和优良的创新基因输入至另一端新建园区，依托两地优质的科教医卫资源，在新建园区形成高新技术产业和高端现代服务业等产业链。

（二）特色与优势

1. 工作机制创新

共建共管共运营发展模式的显著特色是工作机制创新，主要体现在两地共同完成建设任务、共同组建领导机构进行管理、共同经营创造效益。

共同推动政策落地实施，完成园区建设任务。共建共管共运营的科技创新园区链发展的推动主体包括园区链两端的园区主管机构、两端园区所在地政府及负责领导协调的机构。一般由链上相对发达的园区管理机构联合新建园区所在地政府签署协议，并上升至省级政府层面共同推动建设，由京津冀协同发展领导小组及其下属机构协调推进，共同促成该模式下跨区域的科技创新园区链创新发展的若干措施在两地省级层面发布实施。新建园区的建设任务由双方共同完成，新建园区所在地提供充足的园区建设用地资源，推动园区链上发达园区一端的高新技术企业在新建园区的落地或拓展生产规模。

共同组建领导机构进行管理，从市级层面的领导小组，到园区具体工作的管理体制均由两地共同构建。共建共管共运营的科技创新园区链新建园区的领导小组一般由两地省级政府共同组建。新建园区管理采用"双主任制"，由园区链相对发达的输出园区管理机构负责人和新建园区所在地的政府长官共同担任主任，并委派执行主任主持园区具体工作。

共同参与经营过程，通过组建运营公司，提高市场化程度，共创综合效益。按照政企分离的原则，新建园区的运营与管理分离，由园区链相对发达的输出园区管理机构和新建园区所在地政府共同组建运营服务公司承担新建园区的经营职能，组织园区经济活动，这一共同运营的体制增加了对市场信息的敏锐性，增强了园区的综合实力，培育了适宜创新企业成长的土壤。

2. 协作全面

共建共管共运营发展模式的园区链园区间协作程度深、范围广，要素流动更高效，成果显著，具体体现在政策优势、基因优势和要素优势三个方面。

先行先试的政策优势。《京津冀协同发展规划纲要》指出，推动京津冀协同发展是一个重大国家战略，其中明确提出了要加快建设科技创新园区，在国家层面，赋予了这一类园区先行先试的政策优势。

创新创业的基因优势。科技创新园区链上相对发达一端的园区作为共建共管共运营的一方，能够将其优良的创新创业基因高位嫁接到科技创新园区链上后发一端的新建园区，为新建园区量身打造创新创业生态体系。相对发达一端的园区创新基因的移植和放大是京津冀区域协同创新的关键，新建园区立足自身创新资源、产业特色、配套条件，通过加强对科技创新园区链一端园区创新创业生态系统的学习和移植，创新创业生态逐步完善。

自由流动的要素优势。通过两地共建共管共运营，科技创新园区链上相对发达一端的园区的技术、产品、服务和品牌与新建园区直接对接协作，加快了资本、技术和人力等要素向新建园区的自由流动，创新要素加速集聚，产业氛围迅速形成。

（三）问题与不足

1. 自然资源紧缺

共建共管共运营发展模式的园区链两端园区均处于高度城市化区域，人文要素集中，但自然资源相对紧缺。一方面，土地大量用于城市建设，单位面积土地产值较高，园区用地成本相应增加；另一方面，城市人口大量集聚，水资源、电力资源等需要优先保证居民生活使用。

2. 政策协同不足

共建共管共运营发展模式的园区链主要由地方政府推动，而国家层面的政策支持和地方政府组成部门的协作度不够，影响了政策落实。科技创新园区链上相对发达一端的园区先行先试政策事权大都在国家部委，必须有国家部委的政策支持，才能更好地向共建共管共运营的园区辐射推广。同时由于跨行政区域合作，两地政府出台的政策在具体实施过程中需要多个部门、多套流程相互配合，这就影响了政策出台的效率和实效。

二、技术品牌服务输出发展模式

技术品牌服务输出发展模式以保定·中关村创新中心科技创新园区链为代表。

（一）概况

技术品牌服务输出发展模式的科技创新园区链两端园区所在地的技术、品牌和服务落差较大，科技、教育、医疗、卫生等资源差异明显，该模式下技术品牌服务输出端的园区内部各企业已形成一定的技术、品牌和服务优势，但过度集聚导致成本上升，出现集聚不经济现象，需要通过技术品牌服务输出，在具有土地资源和人力资源优势的输入端园区绘制全新蓝图，补齐输入端园区的技术、品牌和服务短板，实现园区链的动态延伸。

（二）特色与优势

1. 运营专业

技术品牌服务输出发展模式的显著特色是位于科技创新园区链技术品牌服务输入端的园区由来自输出端园区的专业团队运营，以优质高效的服务保障技术和品牌的植入。

一方面，专业团队建立起完善的创新服务体系，确保了技术及高端人才、创新文化的输入。科技创新园区链上技术品牌服务输出端的企业将技术直接输出至科技创新园区链上技术品牌服务输入端园区，在输入端园区建立技术创新研发中心，并成立分公司，在京津冀区域扩大业务辐射范围。在此期间，输入端园区的运营团队可为技术品牌服务输出企业提供从注册到办公设备的采购等一系列细致入微的服务。

另一方面，专业团队搭建的创新服务平台，为品牌输出提供了支持。输入端园区的运营团队通过搭建跨区域甚至跨国的创新创业服务平台，将科技创新园区链上技术品牌服务输出端园区甚至国际领先的创新园区的品牌输出与输入端园区所在地的区位优势相结合，对品牌输出方的战略发展和输入方的创新生态构建都起到了很好的支撑作用。

2. 核心竞争优势提升

通过专业团队的运营，科技创新园区链上的技术品牌服务高效传输，科技创新园区链上位于输入端的园区的核心竞争优势得以提升，创新生态系统逐渐形成。

技术品牌服务输出，将先进的管理和生产经验、创新要素和创新意识带入，从而提升科技创新园区链上后发园区的核心竞争力。依托科技创新园区链上输出端园区及企业强大的技术、品牌和服务输出，创新要素向科技创新园区链上输入端园区流动，形成输入端园区的核心竞争力。

核心竞争力的提升促使内生造血功能完善，创新生态系统得以良性循环与成长。随着输入端园区创新中心的核心竞争力提升，运营成熟，园区链将进一步延长，服务制造业企业的基地也应运而生。基地创新企业的发展壮大将逐步实现由中心到基地再到园区的三级动态延伸，将创新生态系统在科技创新园区链从"点"逐步延伸到"线"，再延伸到"面"。

（三）问题与不足

1. 人才流动障碍

技术品牌服务输出发展模式直接将成熟的技术、品牌和服务在园区链上传输，但能够持续产出技术、品牌和服务的人才流动通道并未建立。后期应进一步完善输入园区的生活环境、人才物质待遇、人才培养与发展制度，打通园区链上的人才流动障碍，以人才推动技术、品牌和服务持续提升。

2. 未建立长效机制

技术品牌服务输出发展模式由科技创新园区链上园区所在地政府机构签署协议开展合作，之后双方共同委托企业运作创新中心，并辐射带动园区发展。这一发展模式依赖政府间的协议对接具体的技术品牌服务，而后期的政策配套和财政支持相对滞后，应建立可持续的技术品牌服务提升长效机制。

三、产业链协同创新发展模式

产业链协同创新发展模式以石家庄正定中关村产业基地科技创新园区链为代表。

（一）概况

产业链协同创新发展模式的科技创新园区链两端园区所在地的资源禀赋存在差异，服务存在落差，科技创新园区链一端的园区某一产业的发展态势好，尤其是该产业链上游由创新引领的规划、设计和研发环节具有较好的基础，但该产业链在园区的发展空间受限，亟须与科技创新园区链另一端的园区协同创新，促进全产业链各环节同步发展，逐步实现该产业链上下游产业、相关配套产业和服务产业在科技创新园区链层面的健康、可持续发展。

（二）特色与优势

1. 产业资源定向导入

产业链协同创新发展模式的显著特色是科技创新园区链上先进园区的优势产业资源的定向导入，并以此驱动提高后发园区集聚资源和高端产业的能力，引导科技创新园区链上各园区产业领域协同布局，打造跨区域协同创新共同体，推动共同发展。

例如，中关村科技园集成电路产业具有明显的聚集优势，中关村科技园的集成电路产业资源定向导入，为石家庄正定中关村产业基地的集成电路产业链发展提供了技术支撑和服务，也促进了石家庄正定中关村产业基地这一科技创新园区链的产业链协同创新发展。集成电路技术储备也需要长久的积累，在技术服务和技术配套上，工艺和方案如何对接需要大量的人力做技术支撑和服务[①]。

2. 精准规划

产业链协同创新发展模式充分把握科技创新园区链上产业领先的园区的先发优势，在后发园区精准规划产业链，从产业链的核心产业出发引进重点企业，奠定产业价值创新链生态基础，实现全产业链整体创新发展。

影响科技创新园区链发展方向的因素复杂多样，产业链协同创新发展模式从园区链现状产业分析出发，把握产业优势，明确对接新建科技园区的产业链发展方向，实现了科学精准的产业规划，出台专项措施进行精准引导产业链发展。石家庄正定中关村产业基地设立集成电路产业专项资金，用于基地内集成电路企业研发创新、公共服务平台建设等集成电路项目建设和运营[②]。

产业链协同创新精准规划的关键在于精准把握核心产业，以核心产业辐射带动全产业链整体创新发展。科技创新园区链下游园区发挥上游园区在产业链上游设计、研发环节的先发优势，通过协同创新在科技创新园区链后发园区发展核心产业环节贯通产业链条，以核心产业为基础产业，积极延伸和拓展产业链，培育下游产业、相关产业和配套产业，同步发展生产性服务业和生活性服务业，协同产业链上下游产业和配套服务产业的技术创新，实现整体创新。

（三）问题与不足

1. 产业基础薄弱

产业链协同创新发展模式将全产业链在园区链上转移，专业化程度高，而承

---

① 看 IC PARK 集成电路产业聚集地如何支持行业发展[J]. 世界电子元器件，2018，（6）：32-36.
② 加速产业建设 石家庄将设 100 亿 IC 产业投资基金[J]. 半导体信息，2016，（6）：2.

接转移的园区自身产业基础薄弱，缺少各类生产要素和创新要素，制约着创新优势的发挥。应着力补齐园区链的产业基础短板，尤其是基础关键元器件的技术差距，以促进整条产业链的蓬勃发展。

2. 人才短缺

产业链协同创新需要大量的人才支撑，尤其是基础产业、新兴产业和高端产业需要大量的新型工程科技人才，人才结构性短缺将严重制约产业转型升级。必须加强人才供给，根据复杂多样的人才需求健全与产业链对接的生产各环节和相关配套服务的多元化人才结构。

四、科技成果转化发展模式

科技成果转化发展模式以北京中关村曹妃甸高新技术成果转化基地科技创新园区链为代表。

（一）概况

科技成果转化发展模式的科技创新园区链两端园区所在地的科技创新资源存在较大落差，科技成果研发环节在科技创新园区链上跨区域转移存在一定障碍。科技创新园区链科技成果研发端的园区研发创新条件好，但科技成果就地转化空间不足，转化效率较低，而科技创新园区链另一端的园区作为技术成果跨区域转移的承接地，能够无缝对接以实现在科技创新园区链上的科技成果高效转化。

（二）特色与优势

1. 产学研跨区域协同创新

科技成果转化发展模式的显著特色是产学研跨区域协同创新，该模式下的科技创新园区链的成果转化承接端园区将成为成果研发端园区高级技术成果跨区域的"飞地"，建设技术成果转化基地是成果转化承接端园区培育新兴战略产业的核心环节，必须完善工作推进机制，全力扶持"飞地"发展。

在产学研跨区域协同创新的过程中，充分发挥政府的推动作用和服务职能，通过采取更加灵活宽松的财政支持与税收优惠政策，建立产学研合作企业奖励机制，激励企业间科研合作创新网络的形成，从而在新区形成技术创新氛围[①]。例如，曹妃甸区出台了《打造北京中关村曹妃甸高新技术成果转化基地

---

① 李建忠，孙月发. 产学研合作模式创新研究[J]. 合作经济与科技，2018，（22）：108-111.

工作方案》和《关于推动科技创新与新兴产业发展的若干意见》等政策文件，并部署了具体保障措施，以政策和财政支持北京中关村科技创新成果在曹妃甸落地转化。

2. 外部环境完善

在科技成果转化发展模式下，政府充分发挥统筹和资源配置能力，科技创新园区链协同创新的外部环境相对完善，创新生态保障创新活动运行，为形成良好的创新生态系统奠定了基础。科技创新园区链上科技成果跨园区转化的外部环境主要包括政策环境、制度环境和设施环境，这三个方面的同步建设为创新生态提供了保障。

创新政策是首要的外部环境，科技创新园区链上成果转化承接端在企业改造升级、转移合作、科技创新、专项资金、项目用地、环境容量、投资金融等多个方面享受国家层面政策支持。与此同时，地方也可制定出台涵盖项目用地、投资金融、财政税收、创新激励等专项优惠政策，并形成一套成体系的综合配套政策，为科技成果转移转化优化外部环境。

制度政策关键是技术市场法制体系建设，在科技成果转化发展模式下，科技园区链上各园区对技术市场运行环境进行协同监管，并协作组建技术成果交易平台。以制度和平台促进科技与金融和人才等创新因素更好地融合，引导和支持企业主动整合创新资源，从而营造良好的科技成果转移转化制度环境。

设施环境是硬件，良好的基础设施环境直接推动生产和创新向园区转移，推进科技创新成果转化的集中，进一步促进生产成本、创新成本和交易成本的降低。对外大型交通基础设施方面，加速形成海陆空立体交通网络，为高新技术成果转化基地的建设提供高效的交通支撑；内部基础设施方面，推进科技产业发展，倾力打造包括集群研发区、企业孵化区和生活服务区的科技创新平台载体，为科技创新成果转化提供优质园区服务。

（三）问题与不足

科技成果转化发展模式的科技创新园区链，科技成果在园区链上的转移转化过度依赖政府，企业主体地位不明显，社会资源在科技成果转移转化方面参与不足。科技创新园区链上科技成果转化落地的园区建设起步期政府财政支持大，资本要素在创新机制中作用不明显，后期应更进一步强化市场的导向作用，发挥市场在资源配置中的决定性作用，政府着重外部环境建设，以期更好地促进科技创新园区链上的科技成果转化和整体创新能力的提升。

第四节 京津冀科技创新园区链发展路径

科技创新园区链是多个科技创新园区为促进科技创新资源合理配置、产业升级、园区功能升级而基于要素禀赋和区域比较优势选择地区布局，通过园区合作或新建园区的方式所形成的政产学研结合的跨区域、跨园区分工合作体系，是区域协同创新在园区层面上的具体落实。科技创新园区链的具体发展路径以构建园区链为支撑，以产业链、资金链、人才链、政策链深度融合配套为抓手，最终实现创新要素跨区域流动和优化配置。项目组重点对以中关村为核心拓展形成的园区链进行研究，研究发现京津冀科技创新园区链发展的具体路径以科技创新园区构建体制机制和系统化的工作推进体系为起点，推进园区链各要素深度融合，构建跨区域创新创业生态系统，最终实现多方协作、互利共赢的发展格局。

一、完善组织体系、营造良好的政策环境与市场环境

京津冀三地行政区划不同，在推动京津冀一体化的过程中首先需要创新体制机制，为科技创新园区链的发展提供良好的合作平台。主要表现在完善组织体系、强化政策创新、推动市场发展等方面。在这一系列软环境搭建起来的基础上，政府可以为企业入驻和产业发展提供良好的服务环境，从而推动京津冀科技创新园区链的发展。

（一）完善组织体系

中关村科技园区通过完善组织体系，为推动京津冀科技创新园区链形成提供了组织保障。一是中关村推动组建了京津冀协同创新工作领导小组，这一工作领导小组的成立，有力地促进了各个部门和相关单位的对接与合作，并且形成了一系列的工作机制。二是启动了雄安新区中关村科技园建设工作。雄安新区的建设，是千年大计，是京津冀一体化过程中的重大举措。中关村管委会与雄安新区管委会签署了一系列合作协议，为双方的合作奠定了基础。这一系列组织体系的建设为京津冀科技创新园区链的发展提供了坚实的组织保障，有利于各方面工作的协调开展。

（二）强化政策创新

强化政策创新是京津冀科技创新园区链发展过程中的关键一环。京津冀科技创新园区链的发展依托国家推动京津冀一体化发展的战略，在政策和体制机制创新方面先试先行。一方面，中关村科技园区根据国家相关政策，以深化科技体制改革为动力，将财税政策、人才政策、科技政策等充分贯彻落实，保证政策能够充分发挥作用；另一方面，针对三地在合作过程中出现的问题，积极地向更高层面申请政策支持，在科技成果转化、新兴产业培育、创新创业生态建设等方面推出了一系列新举措，及时解决了三地合作过程中存在的问题。此外，中关村努力推动政策的先试先行工作，并且推动政策互动共享，充分发挥了政策对市场的引导作用，推动了京津冀地区的中关村园区的协调发展。

（三）推动市场发展

能否发挥市场在资源配置中的决定作用，是衡量科技创新园区链能否长远发展的重要标准。科技创新园区链的发展，最终还是要落实到市场的逐步壮大、企业的迅速成长和区域科技创新共同体的形成上。第一，中关村充分利用市场平台，拓宽对接渠道。推动组建了一系列科技创新和协同发展公司，开展园区开发、运营管理、融资支持、创新创业服务等工作；支持中关村之外的技术交易单位建设市场化的科技成果转化平台，为中关村在京津冀地区的技术交易工作提供了有力支撑。第二，中关村积极推动跨区域的各类创新主体合作发展。一方面推动在京民营企业在津冀等地设立分支机构，扩大在京民营企业的市场范围和影响力；另一方面鼓励津企业到京寻求技术对接，解决津冀企业在技术发展方面的瓶颈，推动企业发展。

二、加强重点园区和基地建设，推动园区链建设的战略布局

科技创新园区链的发展以构建园区链为支撑，以产业链、创新链、资金链、政策链深度融合配套为抓手，最终实现创新要素跨区域流动和优化配置。中关村积极推动京津冀科技创新园区链形成，在园区建设、产业发展、人才集聚、金融服务等方面先试先行，提供了科技创新园区链发展路径的具体样板。经过一段时间的努力，跨京津冀科技创新园区链形成，自主创新的重要源头和原始创新的主要策源地作用进一步增强，区域产业转型升级取得明显成效，跨区域创新创业生态系统初步构建，形成了天津滨海-中关村科技园、河北曹妃甸协同发展示范区、北京新机场临空经济合作区、河北张承生态功能区 4 大战略合作功能区及保定等若干个产业项目承接地，为推动京津冀科技创新园区链发展提供了实践经验

和理论借鉴。

（一）推动天津滨海-中关村科技园建设

天津滨海-中关村科技园位于天津滨海新区，是政府主导规划建设的科技园区。首先，中关村联合相关部门对该园区建设的方案进行研究，明确园区的规模、发展方式、运营模式等；其次，在京津两地政府的大力支持下，中关村与滨海新区共同进行先试先行和改革创新，根据当地的资源禀赋对产业发展方向进行设定；最后，推动基础设施建设、企业转型和引入工作。

（二）推动北京中关村曹妃甸高新技术成果转化基地建设

北京中关村曹妃甸高新技术成果转化基地位于河北省唐山市曹妃甸区，是政府主导规划建设的成果转化基地。首先，中关村与曹妃甸签署战略合作框架协议，在曹妃甸建设科技金融领域的分支机构，为曹妃甸的科技金融服务提供有力改善；其次，中关村鼓励本地科技金融企业到曹妃甸参与重大项目建设，特别是推动传统产业转型升级；最后，中关村支持下一代高新技术产业在曹妃甸布局，延长产业链，发挥比较优势，构建产业集群。

（三）推动北京新机场临空经济合作区建设

北京新机场临空经济合作区位于北京与河北交界地区，大部分为河北廊坊地区，是政府主导规划建设的经济合作区。首先，中关村积极组织企业参与机场的建设工作，争取机场建设过程中的一系列项目；其次，中关村支持服务业公司依托新机场的资源优势，发展现代航空服务业、物流业等；最后，推动市场自发形成产业集聚，形成重要的经济增长点。

（四）推动河北张承生态功能区建设

河北张承生态功能区位于河北张家口和承德地区，是政府主导规划建设的生态功能区。首先，中关村积极推动旅游、环保、健康等环境友好型产业到张承发展，推动一系列产业转移；其次，中关村鼓励该区域内大数据产业园和云计算基地的建设，发展高新技术产业；最后，中关村助力该地区的张承云计算产业园、京津冀大数据综合实验区建设，体现了中关村对附近区域的优势带动作用。

（五）发挥市场作用，支持若干个产业项目承接地建设

中关村在以政府为主导对接各大战略功能区建设的过程中，也积极发挥市场作用，根据市场需求推动一系列园区和平台建设，支持一些产业项目落地发展。例如，保定·中关村创新中心、石家庄（正定）中关村集成电路产业基地、中关

村海淀园秦皇岛分园等。这些合作平台和项目承接地的发展,既为在京企业提供了良好的发展空间,也为津冀地区企业的发展提供了良好条件,为京津冀科技创新园区链的发展奠定了基础。

三、加强重点产业培育,推动产业链、创新链与园区链深度融合

京津冀科技创新园区链的发展需要依托产业链的逐渐延伸和新产业集群的逐步形成。中关村围绕一系列高新技术产业进行布局,并努力实现基于京津冀三地园区的创新协同。经过一段时间的发展,中关村各类平台机构与津冀联系更加紧密,形成了一系列产业联盟和协会,签署了一系列产业协议和合作意向,并建成了一系列试点工程和示范项目。大数据、智能制造、新材料、智慧医疗、交通等产业得到了重点培育,园区链、产业链和创新链深度融合,有力地推动了京津冀产业一体化步伐。

(一)推动大数据产业创新发展

大数据产业是中关村的优势产业,推动大数据产业向津冀地区转移,有利于运用两地的自然优势和成本优势,促进大数据产业的合理布局,提高大数据企业的利润。中关村积极与津冀签订了一系列发展协议,共同促进大数据产业全要素支撑和全链条发展。中关村大数据企业的应用场景不断增加,为其他企业发展提供了数据支持,在城市管理、公共服务等方面也发挥了积极作用。京津冀三地为大数据产业发展搭建了良好的沟通交流平台,并且对人才进行联合培养,促进了中小企业的孵化与发展,努力建成一流的区域大数据综合试验区。

(二)推动智能制造与新材料产业协同发展

中关村在智能制造和新材料领域具有设计研发优势,集合了一大批优秀的科学家和技术人才。推动中关村智能制造和新材料产业向津冀转移和布局,有利于延长产业链条,实现京津冀三地共赢。中关村通过推进津冀企业与中关村的企业的合作项目,完善了研发、设计、制造的分工合作机制,形成了良好的产业合作网络。此外,中关村的新材料企业积极在天津滨海、河北曹妃甸布局一体化的生产基地,推动产业发展。

(三)推动智慧医疗产业发展

智慧医疗产业是人工智能、大数据等技术在医疗领域的具体运用。中关村在智慧医疗领域具有一定的优势,通过三地共建实验室、开展科研项目,有力地带动了津冀地区智慧医疗领域的发展。与此同时,三地建立了远程的医疗平台和服

务平台，为患者提供了良好的服务，也带动了精准医疗及相关产业发展。

（四）推进交通相关产业一体化发展

中关村在交通领域掌握着一系列出行数据和行业数据，在未来无人驾驶、车联网等行业具有独特优势，能够为津冀地区交通出行服务，促进交通运输行业的发展。中关村相关企业积极参与津冀地区的交通一体化建设，为新能源汽车产业的发展、区域交通网络的建设做出了贡献。

四、加强人才与金融服务，推动人才链、金融链与园区链深度融合

人才是京津冀协同发展的第一资源，金融服务则是京津冀协同发展的重要支撑。在京津冀科技创新园区链发展过程中，中关村科技创新园区链形成的最主要原因是高度重视人才链、金融链与园区链的深度融合。通过建立跨区域人才交流机制，完善金融服务体系，提高公共服务水平，为园区链发展提供了良好的基础。

（一）鼓励人才跨区域流动，完善人才服务网络

中关村拥有世界一流的高校和科研机构，在人才资源方面拥有独特优势。但是津冀地区对人才的吸引力较小，因此形成了阶梯落差。为了推动京津冀科技创新园区链的建设，三地出台了一系列政策，实现了良好效果。政策包括：一是三地合作推进高端人才的引进工作。京津冀协同出台人才引进政策，对于在京创新创业的高端人才，津冀地区同样认可，并可进行跨区域的人才联合培养。二是共同建立了人才服务体系。三地建立了人才交流共享平台，举办一系列的活动来促进三地人才互动交流。四是支持津冀地区人才到京进行教育培训。北京教育资源丰富，高科技企业总部众多，为津冀地区人才提供了良好的学习平台。津冀地区人才通过参与培训，提高了自身的素质和水平，更好地推动了地区和企业发展。

（二）完善科技金融政策体系，提高金融服务水平

金融服务是京津冀科技创新园区链发展的基础，京津冀三地不断完善科技金融政策体系，提高金融服务水平。政策体系内容包括以下几个方面：一是三地加强合作，实现金融政策的有机对接，为企业办理金融业务提供便利，减少交易成本，提高工作效率；二是联合搭建多渠道的融资体系，发挥中关村协同创新投资基金在推动科技创新方面的引领作用，在津冀地区设立分支机构，开展交流合作，鼓励企业通过融资扩大经营规模；三是营造良好的金融环境，健全法律法规体系，为园区企业提供良好的服务，提高金融服务效率，降低企业融资风险。

五、加强社区共建，打造"泛中关村"创新创业生态系统

中关村科技创新园区链的发展，伴随着合作园区的扩展和创新社区建设。中关村通过完善创业服务体系、建立创新协会和联盟、推动创新资源开放共享、营造良好的公共服务环境等方式，形成了有利于创新创业的氛围，满足了各类人才的工作和生活需求，使得人才能够尽快适应环境，企业能够更快发展。

（一）完善创业服务体系

京津冀科技创新园区链上的产业主要是高新技术产业，利用高新技术产业的优势，在其周边形成中小科技创新企业，是保证园区链能够进一步发展壮大的重要支撑。中关村在推动产业转移和改造传统产业的同时，重视开展创业服务，通过设立科技创新孵化器、提供天使投资基金、加强科技创新培训教育等方式搭建创业服务体系，从而促进了新企业的出现，更有利于形成产业集聚，提高园区可持续发展水平。

（二）建立创新协会和联盟

中关村汇集了企业、高校、科研院所、非营利组织等各种主体，这些主体在推动京津冀科技创新园区链发展过程中都起到重要作用。在京津冀三地政府的推动下，一系列创新协会和联盟出现，形成了一系列科技创新协同发展平台，为园区链建设和社区建设提供了全流程的服务。

（三）推动创新资源开放共享

创新资源开放共享是协同发展的应有之义，也是京津冀一体化发展的必经之路。破解三地创新资源流动障碍，是实现京津冀科技创新园区链发展的关键一环。中关村不断推动首都的科技创新平台、实验室面向社区开放共享，为社区提供良好的科研基础服务，积极构建国际化的创新创业合作平台，吸引了一系列国内外的科技服务机构落地。

（四）营造良好的公共服务环境

京津冀科技创新园区链上的一些重点园区刚成立不久，在公共服务环境方面还有所欠缺。三地政府努力在住房、教育、医疗、交通、娱乐等方面加大投入力度，为社区提供良好的生活环境；此外，不断引进一系列公共服务组织，满足多元化的需求，提高社区宜居度。

第五节 本章小结

在创新驱动发展战略和《京津冀协同发展规划纲要》的指引下，京津冀地区加快推进创新科技园区链的建设进程，已经建成以天津滨海-中关村科技园、北京中关村曹妃甸高新技术成果转化基地、保定·中关村创新中心、雄安新区中关村科技园为代表的一系列创新园区链建设的典型园区，这些典型园区建设已经卓有成效，并且各有所长。政府加大政策扶持力度，出台了一系列的吸引人才、提供金融服务等相关政策，构建了良好的创新创业生态体系，人才、技术、资本等创新要素在园区链上自由流动、合理配置，京津冀地区的科技园区协同创新成效初显。

依托于这些园区的建设，一些跨区域布局型和平台型的典型项目得以发展壮大。这些项目一部分源自大型集团企业的战略发展，产业链跨区域布局，将资本技术要素在产业链上进行优化配置，另一部分则依托于科技园区完善的技术研发、金融服务、成果转化平台，将科研院所的研发成果转化为商业产品，促进了科技成果的转化，提供了很好的创新创业的机会。

京津冀科技创新园区链的典型案例和实践显现出四种各具特色的发展模式。共建共管共运营发展模式两端园区服务落差较小，通过创新工作机制，全面协作，成效显著，但自然资源相对稀缺，政策协同不足。技术品牌服务输出发展模式两端园区技术、品牌和服务落差大，由专业团队运营，核心竞争优势提升，创新生态系统形成，应进一步提升可持续性。产业链协同创新发展模式两端园区存在一定的资源差异和服务落差，通过产业资源定向导入实现精准规划，整体创新，但产业基础薄弱，人才结构性短缺。科技成果转化发展模式两端园区科技创新能力存在较大落差，产学研跨区域协同创新，外部环境更完善，创新生态有保障，但社会资源参与不足，市场在资源配置中的决定性作用不明显。

京津冀科技创新园区链发展的具体路径起点是创新体制机制，强化政策创新、完善组织体系、营造良好的政策环境与市场环境，在此基础上加强重点园区和基地建设，推动京津冀科技创新园区链建设的战略布局；加强重点产业培育，推动产业链、创新链与园区链深度融合；加强人才与金融服务，推动人才链、金融链与园区链深度融合；加强社区共建，打造"泛中关村"创新创业生态系统，最终形成多方协作、互利共赢的发展格局。

本章所选取的重点园区与项目在发展过程中也暴露出了一些问题，如管理层级过多，政策一致性协调难度大，园区的产业定位重合，同质化竞争激烈，统筹联动困难，创新资源要素跨区域开放机制不完善等。针对这些问题，在借鉴国内外已经发展成熟的创新园区链建设方案后，在后续章节中将会给出相应建议。

第五章　国内外区域科技创新园区链建设的经验借鉴

第一节　国外典型区域科技创新园区链的建设状况与发展模式

一、美国波士顿128公路

（一）美国波士顿128公路发展概况

修建于1951年的美国波士顿128公路是美国马萨诸塞州波士顿市的一条半环形公路，其两侧聚集了几千家从事高新技术研究与生产的机构和公司，构成了128公路高技术区，是目前世界上知名的电子工业中心。这里不仅成为与硅谷齐名的美国高科技产业发展重镇，还诞生了一系列的"128现象"，如128高科技公路、128高新技术产业区、128创新走廊等。

128公路园区链的发展可以分为以下四个阶段：①20世纪50年代。1951年，128号公路首段开通。到1956年，这条长达65千米的环形高速公路使人们能够完全避开波士顿拥挤的交通，快速往返波士顿市郊。起初政府官员希望这条公路能缓解波士顿的交通压力，但没有想到128号公路本身会成为经济引擎。由于这里靠近大学实验室和不断扩大的郊区社区，于是开始在此建设马萨诸塞州首批现代化工业园。雷神公司率先进驻沃尔瑟姆，几乎位于128号环形公路的中点，不久，其他高科技公司纷至沓来，使得128号公路赢得了"美国科技高速公路"的美誉。②20世纪60~70年代，128号公路成为美国主要的技术中心之一，在微型计算机领域占据主导地位，推动了马萨诸塞州经济的增长，以至于媒体和政客们将其称为"马萨诸塞州奇迹"，成为美国繁荣的象征。③20世纪80年代后，128

公路地区发展速度放缓，日益显出僵化的态势，尤其是"冷战"结束后，政府军事用品订单和军事开支减少，直接导致128公路地区经济面临衰退。到了20世纪90年代，企业组织结构服务的微观环境、产品开发流程与架构，以及文化差异等方面的局限，使得128公路的发展速度大幅减缓，甚至已经出现了衰退的迹象。④128公路通过产业重构，在经历20世纪80~90年代的衰退后，逐渐恢复了发展。目前，128公路地区的高科技公司，正在积极调整产业结构，对硅谷的主导产业进行补充，与之相配合，总的来说，通信、医疗技术、软件与金融服务是帮助128公路实现经济复苏的几大主导产业。

（二）美国波士顿128公路发展模式

波士顿128公路地区的发展，可以概括成"产学研协同+政府推动"转化模式。具体来说有以下几点。

第一，"链"的形成，依托公路交通优势形成公路沿线工业园区链。纵观128公路地区高科技园区的分布，我们不难发现，这一地区科技创新园区链的形成，离不开公路这一交通基础设施的沟通与支撑，并且工业园区集中地区也在整条公路沿线分布展开。此外，128号公路沿线覆盖了以哈佛大学、麻省理工学院为代表的65所院校，其为波士顿128公路地区，尤其是高技术产业部门提供了大量高水平的科学家、高级技术人员与工程师。此外，从地理延伸角度来看，128公路经过的地区空间开阔、地价低廉，在传统产业迁移后还让此地拥有了大批素质较高的技术工人。这说明，128公路的贯通推动了沿线地区链式合作模式的形成和地区创新要素的自由流动。

第二，产学研合作，推动科技成果的产生。128公路临近金融中心纽约，有着浓厚的创新创业氛围，还有知名大学与风投机构开展合作研发与创业，形成了完整的生态圈，这进一步吸引了众多的人才和风投资金，也促使生物产业等"知识技术密集型"产业集群在这里聚集。数据显示，在波士顿128公路地区的科技发明中，各个大学承担了三分之二的任务。不仅如此，创新型企业的大量集中涌现，也使得128公路地区成为美国最重要的现代高科技产业发展中的核心区域，不仅推动了美国经济的发展，甚至扮演了驱动世界经济发展强大引擎的角色。可以说，几股力量的交织成就了128号公路的创新发展。

第三，政府力量，尤其是政府采购推动了科研成果的转化及地区的繁荣。从20世纪50~60年代开始，128公路高科技园区在"冷战"的背景和美国政府大量军事投资下盛极一时，128公路沿线集聚了大量研究机构和技术型企业，在晶体管、半导体芯片、固态器件、电子计算机等领域，技术创新成果不断涌现。政府推动主导了相当长的一个发展时期，技术推动型产业化也促使这一地区形成了相互联系与配合的高技术产业链。另外，政府指导也为"链"式分布的形成创造了条件，20世纪60年代，政府重新进行规划扩建，使得波士顿地区的数十个城镇通过128公路连接成为一个整体，这一区域为随后的高科技产业发展提供了空间联系和条件。空间条件的改善使得128公路沿线地区附近聚集了近600家实验室、新兴企业与科研分支机构。

（三）美国波士顿128公路发展综合分析

总的来说，美国128公路地区在发展成为美国国内高新技术产业核心区的过程中，成功的经验与由盛转衰的教训并存，客观来看，它所采用的地区开发途径和模式虽有成功的做法，但更多的是以一种保守、封闭的模式，难以适应已经变化了的国际经济政治形势，以及产业升级转变为主要以知识经济驱动的发展趋势。

分析其衰退的原因，我们认为相比于硅谷，波士顿128公路地区衰落的原因是缺乏更适合高新技术企业发展的机制和文化。具体来说，其一，这种政府推动科技成果转化的模式使得园区企业过度依赖政府，缺乏自我生存机制和造血功能，难以适应市场的变化需求。其二，在产学研协同的关系中，大学和企业之间的关系不够开放平等，大学只重视和有成熟技术且与政府关系良好的大企业合作。从机构支持来说，银行、财团与保险公司在提供风险投资资金时，有很强的风险规避意识，很少在初创企业上下赌注，另外，封闭式的生产方式使得企业之间相互孤立，在生产方面协同不足。其三，从微观主体来看，员工缺少一定的创业与冒险精神，企业缺少科技创新能力和创业精神，使得大量高技术产品创意和想法未能及时转化为产业，以至于在现代产业升级的过程中逐渐落后。

二、美国硅谷

（一）美国硅谷发展概况

硅谷位于美国加利福尼亚州中部圣弗朗西斯科以南的半岛上，自Palo Alto到San Jose的长70千米、宽15千米的条状地带上。20世纪50年代，由斯坦福大学研究所带动，在斯坦福大学师生的共同努力下形成了工业园区，形成了高技术产业最初的基础。20世纪60年代，在美国国防部的支持下，在创业创新精神的激励下，在现有的产业基础上，微电子公司逐步成立起来。到了20世纪60年代后期，硅谷已发展成为世界公认的航天工业中心与电子工业中心，其超速发展主要得益于半导体工业的进步，这也是硅谷得名的原因。20世纪70年代，随着微处理计算机的技术进步和个人计算机的进一步开发，半导体制造商和供应商的地位逐渐提高，而这一时期创业者主要通过吸引风险投资获得支持，硅谷得以通过内部的丰富社会网络资源形成一套自我支持、自我服务的金融系统，通过再投资培育下一批企业家。20 世纪 80 年代，计算机工业进一步加强了自身的支配地位，硅谷的产业结构国际化和高新技术企业得到进一步的发展。

当今的硅谷，已经发展成为电子工业和计算机业的王国，被誉为世界高新技术创新和发展的中心。硅谷以附近科研力量雄厚的美国顶尖大学作为依托，主要包括斯坦福大学和加州大学的几大分校，在创新主体上，硅谷以高新技术中小公司群为基础，同时拥有互联网产业（如谷歌、Facebook）、计算机产业（如惠普、英特尔、思科）、半导体产业、集成电路产业等高技术行业，融科学、技术、生产为一体。根据《2018 硅谷指数》，硅谷地区约有 307 万人口，创造了超过 163 万个就业岗位，2017 年人均收入超过 93 700 元，整个地区的收入实现了 4.4%的年增长，在 2017年吸纳了超过109 亿美元的风险投资和1.38亿美元的天使投资，仍然是世界上最大、最密集、最有创造性的高科技产业群。

（二）美国硅谷发展模式

硅谷的创新园区链模式是以产业结构的相互联系为基础，以文化融合为推手的综合创新模式。作为全球最具创新能力的产业群体，硅谷在发展过程中始终保持创新方面的持续产出与进步，在今天仍然具有强大的生命力，其"产业链协作+产学研协同"的模式值得我们借鉴。具体来说包括以下几点。

第一，产业链是园区链形成的基础。从产业角度看，硅谷作为全球最富创新能力的产业群体，从发展前期到现在，产业集聚构成强有力产业发展的基础。目前，硅谷最大的产业集团由生物科技、专业服务、软件、创新服务、半导体、计算机、航空航天这七个部分组成，互不相同的产业形成了创新体系的主导。以硅谷的半导体产业为例，作为行业的最重要的组成部分，集成设备制造商在硅谷形成了集聚，包括英特尔、AMD、ADI、Maxim、National Semiconductor 等世界著名企业在内。此外，产业链上游的半导体设计公司包括高通、博通等，主要采取聚焦于半导体的设计与创新的无工厂模式。与之相配套，下游的半导体生产工厂在硅谷实现了自然完整的延伸，Xilinx、Altera 等公司为半导体设计公司的发展提供了重要的生产能力。这种集聚使得无数新企业在硅谷控制着半导体产业从设计到生产的各个环节。从产业链角度进行分析，对于初创企业来说，由于初创企业主要为成熟企业提供上游产品、技术或服务，其从一开始就只面向企业用户而非最终的消费者，大大减少了初创企业设立早期的营销成本与市场风险。而对于成熟企业来说，其可以通过收购与并购初创公司来扩充产品线、增强技术和专利储备。总的来说，硅谷的各个创新园区是通过产业链上的供应商与客户互助形成的，这与发展科技创新园区链的思想契合。

第二，产学研结合，推动各个园区企业创新发展。从不同创新主体的合作配合来看，硅谷的新型高科技产业以斯坦福大学等美国高校为创新源头，高校人才一方面对创新活动有兴趣，另一方面积极地参与产业合作，尤其是注重跨行业协作。根本来说，硅谷的崛起并非简单依靠打造产业园区、发展孵化器或者设立技术转让机构，而是以一流的大学与科研人员和初创企业为核心主体，以鼓励创新、开放自由、包容失败的文化为基础，构建了一套各主体紧密合作、相互促进的生态系统。

第三，创新的文化氛围进一步促进激发硅谷市场主体的活力。硅谷作为高新技术产业集群的领导者，具有勇于创业、宽容失败、崇尚竞争、重视合作的独特文化，这种文化是在高新技术产业发展的特殊环境中发展起来的，反过来对高新技术产业的进一步发展壮大、企业家的培育、新合作关系的建立有着巨大的促进作用。硅谷区域内的创新气息广泛深入，各个主体之间相互信任，并且一直都保持着交流合作，正是这种合作氛围促使不同行业之间的相互帮扶与进步。

（三）美国硅谷发展综合分析

总的来说，硅谷创新园区链的成功离不开"产业链协作+产学研结合"的共同支撑。总结硅谷创新园区链成功的原因，我们认为，首先，产业链协作使得产品生产各个环节的资源有机结合，形成整体的协同效应。初创企业生产的产品有助于成熟企业的商业发展，而成熟企业又不断对初创企业观察和投资，在带动初创企业成长的同时，完善自己的企业竞争能力。这种互动模式，在降低商业活动生产成本的同时，显著降低了企业发展各个阶段所面临的风险。而各个环节产品间互联的关系也使得全创新园区链的价值链效率得到提升，让创新园区链整体始终保持较高的竞争能力。

此外，更加重要的产学研结合策略，将企业、政府、大学和研究者结合起来，使得这几种资源相互整合，共同发挥最大效用。政府政策诱导不仅可以在短期内直接影响企业的生产行为，还能通过影响大学科研等方式诱导企业的发展方向；企业与大学、科研人员的互动又能持续地为企业科研的发展获取资源。这种多方位整合、长短期相互作用的产学研结合，极大地促进了知识创新和知识应用的实施。

三、德国鲁尔区

（一）德国鲁尔区发展概况

德国鲁尔区地处德国西部地带，处于德、荷、比、卢、法多国交界处，是一个充满活力而又富于进取的链状工业集群。位于莱茵河与鲁尔河、利珀河之间，具有优越的资源、区位、物流条件。鲁尔区的工业化进程已开展一个多世纪，其工业化程度很高，鲁尔区不仅是德国，也是欧洲乃至全球著名的工业经济区，享有德国和欧洲"工业心脏"之誉。

鲁尔区的发展与壮大，得益于其独特的地理位置和资源禀赋。从地理位置上说，临近三条河流的交界处，为运载量大、成本受运费影响强的燃料动力工业和基础原料工业的率先发展提供了重要的地理条件。从自然资源角度来看，鲁尔河畔分布了西欧地区首要的煤田，其距地表1 500米地层煤的地质储量达3 000多亿吨，并且在煤田范围内，鲁尔区的地貌形态并不复杂，有利于井工开采。因此这一地区的煤炭产量很早就达到了千万吨级，诞生了世界级的煤矿群。

从鲁尔区各个工业集聚群的角度来说，虽然其在规模与知名度等方面远远比不上欧美等国的大工业区，各个单个园区的发展并不突出，也没有龙头园区的带动，但其工业集聚区数量多，彼此相近甚至街市相连，分工协作很密切。从工业化的角度出发，鲁尔区的工业结构与布局均具有代表性；在产业升级上实现了从传统工业到新兴工业的及时衔接；资源利用上对剩余资源实现了彻底的综合利用与产业链尽量延伸；社会发展方面也通过综合治理，实现了高质量城市化。如今，鲁尔区已度过了发展过程中资源枯竭、钢铁行业没落的阵痛期，并且经过改造和结构调整迅速走出了经济低谷，转变为以煤炭和钢铁生产为基础，以电子计算机和信息产业技术为龙头，多行业协调发展的新型经济区，其园区链协调发展模式对于以自然资源为基础的，基于成本因素考量的工业产业园区的发展具有借鉴意义。

（二）德国鲁尔区发展模式

基于自然资源和自然地理条件建立起的鲁尔区工业园区链发展模式可以概括为"产业链协同+产业升级"型。具体来说包括以下两个方面。

第一，各园区的分布与自然资源密集区域紧密结合。鲁尔区煤炭资源丰富，煤种齐全，煤质优良，这是整个工业园区形成的基础，从鲁尔区的布局图来看，我们不难发现，工业园区集聚的地区与自然资源丰富的地区（如煤矿、铁矿等）高度重合，煤炭工业、钢铁工业、石油加工工业等产业园区紧紧依傍自然矿产，这一方面是为了充分利用自然资源、节约开发和运输的成本，另一方面也形成了大规模的产业集聚。

第二，产业链上下游的协同配合推动了各园区的"链"式合作发展。总的来说，鲁尔区的突出特点是以采煤、钢铁、化学、机械制造等重工业为核心，围绕煤炭的综合利用，鲁尔区发展了炼焦、电力、煤化学等工业，进而沿着产业链发展轨迹新一步促进了钢铁和化学工业。此外，在钢铁、化学产品和电力供应的基础上，建立发展了机械制造业，特别是重型机械制造、氮肥工业、建材工业等。

同时，为产业工人提供服务的配套轻工业也有了很大的发展。可以说，鲁尔区的重化工业在产业链上是环环相扣，协作发展的。这种协同还体现在鲁尔区既是"生产中心"，又是"消费中心"，本区域内生产的 70%以上煤炭和钢铁能够在区域内加工、消费。从工业带分布图我们可以看出，在产业链上紧密结合的各个产业，依托着铁路、河流等交通运输通道，鲁尔区形成了特色的"链"式带状产业集群。

（三）德国鲁尔区发展综合分析

综合来说，20 世纪 50 年代以后，鲁尔区的经济开始衰落，衰落的历程从煤炭工业发展至钢铁工业。衰落的最主要原因是生产结构过于单一，鲁尔区的工业生产高度集中于五大传统工业部门，以煤炭工业为基础，钢铁工业为主导。在这样的生产结构中，某一工业部门生产的退步必然引起全区生产的衰落。此外，世界范围内煤炭能源地位下降、世界性钢铁过剩、新技术革命的冲击也是鲁尔区衰落的重要因素。不过，鲁尔区的发展经验也为我国提供了重要的借鉴。首先，完善的交通基础设施建设为园区链的协同发展提供基础条件；其次，依托本地自然资源优势形成的产业链协同为各个园区之间的合作提供基础；最后，在产业升级的层面，需要有意识地对传统产业进行合理化改造和重新布局，通过政府引导与规划，指引各创新园区链向多样化、综合化方向发展。

四、日本筑波科学城

（一）日本筑波科学城发展概况

日本筑波科学城坐落在距东京 60 千米的筑波市中心，被称为"现代科技乌托邦"，其以政府为主导的发展模式对后世科技创新园区的规划与立法尤其具有借鉴意义。

筑波科学城的发展始于 1963 年日本议会通过的在筑波地区设立科学城的决议，其主要目的有二：一是顺应日本由"贸易立国"向"技术立国"方针转变的趋势，迎接科学技术革命和教育改革时代的需要；二是缓解东京过度拥挤的城市环境，减轻首都发展压力。从园区组成来看，分为文教研究区、理工科研究区、生物研究实验区、土木建筑研究区和公共设施等五个小区，各自分工，相互配合。纵观发展历程，筑波科学城的发展大致可分为四个阶段：第一阶段为 1963~1967 年，完成了最初的园区发展规划和立法，并成功迎来筑波大学的迁入；第二阶段为 1973~1989 年，围绕"吸引集聚科研、技术开发、教育机构进入筑波科学城"的方针进行发展，并且通过 1985 年举办的国际科学技术博览会，正式进入世界视野；第三阶段为1989~2010年，这一阶段在之前二十年发展的基础上提出了整个科学城再创发展的计划，对整个科学城的定位进行了重新塑造，打造由基础研究向应用性开发乃至企业化生产的机制转变；第四阶段为2011年至今，2011年茨城县与筑波大学共同申请的"筑波国际战略综合特区"获批，打开了筑波科学城向"国际战略综合特区"发展的序幕。

目前，筑波科学城是日本科学研究中心。截至2017年，筑波科学城拥有46家教育研究机构，主要涉及科学工程、生物、通用技术、教育和建设。截至2013年，筑波科学城内拥有两万余名研究人员，其中日本籍15 140人[①]。自20世纪80年代以来，筑波科学城聚集了日本全国30%的国家研究机构、40%的研究人员，以及50%国家研究机构的预算。在工业园区和周边郊区还有许多私人研究机构，大约拥有4 500名研究人员，这些私人研究机构主要对化学、医药、电子电气、机械工程等领域展开研究。此外，截至2017年2月，筑波科学城还吸引了共计153家民营企业入驻。

（二）日本筑波科学城发展模式

筑波科学城的发展模式可以被概括为"政府主导+产学研结合"型。

第一，作为典型的政策性城市，政府主导是贯穿整个筑波科学城发展的显著特征。政府的作用主要体现在以下几个方面：①从科学城的建立来看，政府指令实现了科学城从规划、审批、选址、人力、科研等整个过程的形成和发展，政府来负责明确城市的基本性质、功能、建设方针和主要措施；②从科学城的组织架构来看，科学城内的各类研究机构和教育设施及其他产业和公司均由国家相应主管部门直接指导；③从科学城的发展保障来看，由国家最具权威的机构负责规划和主管，为科学城的建设和顺利搬迁提供国家力量的保障；④从资金支持来看，政府尽全力为科学城的发展提供充足的资金支持，数据显示，到1993年，日本政府在筑波科学城花费的经费已超过两万亿日元，同时，科学城能够享受日本开发银行、北海道东北开发公库等金融机构的低息贷款；⑤从立法角度来看，政府对科学城有专门制定的法律和与高新技术产业相关的社会层面的法律法规，对科学城内科研机构的设备折旧、税收、信贷、外资引进等给予多种优惠政策和措施。

第二，筑波科学城的产业发展体现出明显的产学研结合的特征。从规划上看，筑波科学城各个区域之间有明确的功能分工，研究教育区与周边开发区两个区域分开，并在保留各区特色的基础上实现有机关联和功能互补。从不同产业的分布上来说，筑波科学城的城中心为核心研究教育区；南部为理工研究区，其中的电子技术综合研究所是日本最大的电子技术研发基地；西北部为建筑研

---

① 王海芸. 日本筑波科学城发展的启示研究[J]. 科技中国, 2019, （3）：20-27.

究区；西南部为生物、农业研究区，这种产学研结合促进了研究成果与实际应用的对接。

（三）日本筑波科学城发展综合分析

总的来说，筑波科学城的建立是为了推动科学和技术发展，是建立在全国研究机构和大学基础上的卓越的研究和高等教育中心，这为政府主导模式的产业园区建设提供了借鉴。但是筑波科学城发展模式也存在着弊端，甚至被一些学者称为"科学乌托邦"。一是筑波科学城以国家级研究机构为主体，这些研究机构享受着政府的财政拨款，因而，园区内缺乏相应内生性的创新激励机制。二是政府的管理模式问题，这种条块分割的垂直管理模式限制了各研究主体之间的沟通与交流，缺乏与国外先进文化和技术的联系与交流。筑波科学城的弊端在国际工业园区迅猛发展的背景下越来越突出，科研部门与工业界缺乏联系，科研成果的产品转化率不高，降低了科技产业的产值，也影响了当地企业和私人研究机构的发展。

第二节 国内典型区域创新科技园区链的建设模式与发展现状

一、广深科技创新走廊

（一）广深科技创新走廊发展概况

2017年12月25日，中共广东省委和广东省人民政府向广东全省发布《广深科技创新走廊规划》，正式在中国经济最发达的珠三角核心区，将一条连接广州、深圳、东莞，长度为180多千米，总面积超过1.1万平方千米的经济带正式划定命名为广深科技创新走廊。这一地区占珠三角总面积的15%，承担了近六成的地区生产总值，特别是在创新经济方面，聚集了广东六成以上的高新技术企业。目前，广州、深圳、东莞三城形成的这条科技创新走廊，已经分布着一批行业领先企业，多家本土世界500强企业扎根于此。

（二）广深科技创新走廊发展模式

广深科技创新走廊的发展模式可以概括为"产业链协同+政府推动型"的模式。

根据《广深科技创新走廊规划》，广深科技创新走廊的发展将遵循"一廊十核多节点"规划，即一廊联动加十核驱动加多点支撑。"一廊"指广深科技创新走廊，实行一廊联动，联动广州、深圳、东莞三地的地区优势。发挥广州高校、科研院所集聚的优势，建成具有国际影响力的国家创新中心城市和国际科技创新枢纽；发挥深圳高新技术企业集聚、市场化程度高的优势，加快建设国际科技、产业创新中心，打造具有全球竞争力的创新先行区；发挥东莞制造企业和工业园区集聚的优势，建成具有全球影响力的先进制造基地、国家级粤港澳台创新创业基地、华南科技成果转化中心[①]。十大核心创新平台包括广州大学城-国际创新城、广州中新知识城、广州科学城、广州琶洲互联网创新集聚区、深圳空港新城、深圳高新区、深圳坂雪岗科技城、深圳国际生物谷、东莞松山湖、东莞滨海湾新区。三十七个节点也分别来自广州、深圳、东莞三地[②]。

可以说，广深科技创新走廊的发展凝结了三方力量。一是政府的有形之手，通过规划、政策的引导，来推动广深沿线的创新要素整合；二是市场的无形之手，这是广州、深圳这两座市场经济高度发达的城市的优势，让企业作为创新网络的联络者和催化剂，作为高新技术产业的集聚地，广深科技创新走廊发挥着创新引擎的作用。三是高校的智力资源，广州中新知识城、广州科学城、广州大学城、国际创新城、琶洲互联网创新集聚区等创新"北斗七星"承载着广东省最多的"最强大脑"和智力资源，拥有普通高等院校 79 所，建有国家重点实验室 7 个，省部级重点实验室 233 个，汇聚了广东全省 70%以上的科技人员和 95%的博士。这是广深的创新联手最需要打通的一条创新快车道。

（三）广深科技创新走廊发展综合分析

当前，国际国内创新的竞争使得科技进步与创新已然成为影响和推动世界经济发展的主导性力量，在这样的背景下，"产业链协同+政府推动"型广深科技创新走廊的设计与发展为我们提供了经验借鉴与启示。其一，通过政府引导与政策设计，构建创新发展的协同机制，持续优化创新发展的政策。广深科技创新走廊的设计探索建立了由国家、广东、香港组成的科技创新联席会议制度，研究确定创新走廊的科技基础设施布局、重大科技合作计划实施、年度重大科技合作项目资助及符合创新规律的跨境协调管理制度。建立统筹推进机制，强化省级统筹力度，形成部门协同推进合力。建立专家咨询机制，对创新走廊建设中的重大问题、重点项目、发展规划提供决策支撑。其二，在产业链协同层面科学布局产业

---

① 广深科技创新走廊规划：180 公里创新轴线打造中国"硅谷"[EB/OL]. http://news.ycwb.com/2017-12/15/content_25817404.htm，2017-12-15.
② 陈恒，吴春燕，严圣禾. 广深科技创新走廊：一条 180 公里的创新轴线[N]. 光明日报，2017-12-21（01）.

发展，统筹谋划产业定位，形成要素成本梯度，利于市场力量驱动要素跨行政区流动，避免各园区产业同质化造成资源浪费和恶性竞争。

二、长三角

（一）长三角发展现状

长三角以三省 26 市的广大区域面积雄踞中国三大经济区之首，经济总量也是首屈一指。从产业园区的分布来说，以上海为龙头老大，依托江浙皖等周边城市，依靠上海的金融中心地位和国际影响力，带动整个地区产业园区的发展。在产业园区的发展上，以国控园区为主，民营园区的专业化程度和市场活跃程度较弱。在产业结构方面，以金融、智能制造产业为主。长三角地区各个产业园区之间，依靠经济发展水平和制造发展程度带来的"梯度差"，通过承接产业转移，形成紧密联系在一起的"链"式发展结构，贯通长三角的产业园区创新链初具雏形。

在长三角地区创新园区链中，有如下几个关键节点。首先，以上海为龙头，张江高新区与漕河泾高新区两大园区发挥带头作用。举上海之力重点打造的张江高科，在生物医药、芯片制造领域出色的产业集聚能力在全国范围内都首屈一指。而相比于张江高科优质的产业集聚能力，漕河泾的科创生态的打造在长三角区域可以说是一枝独秀，出色的科创氛围也在伯仲之间。据不完全统计，有超过 1 000 家企业入驻漕河泾孵化器，其中有超过 800 家成功"毕业"，入驻漕河泾的其他园区。此外，作为全国片区开发的巅峰之作，由中国、新加坡两国共同打造的苏州工业园区，斥资 3 000 万元用于产业与经济发展、社会治理、城市建设等领域的规划，先后编制实施了近百项规章制度，建立了全国领先的管理体系，其对于产业发展的重视与管理的细致程度可见一斑。在长三角地区另一创新高地的杭州，创业氛围更加浓重，围绕阿里巴巴这个互联网行业的龙头企业，涌现出了一大批创业企业，市场需求火热，推动了杭州区域产业园区的发展。

总的来说，长三角创新科技园区链是中国目前最大的国家自主创新示范区创新科技园区链，并且长三角国家自主创新示范区创新科技园区链体现了"5+10"的分层格局。以张江（上海）国家高新技术开发区、苏南（南京、扬州）国家高新技术开发区、宁波国家高新技术开发区及南通国家高新技术开发区作为第一梯队，剩下的高新技术开发区作为第二梯队。相较于其他创新科技园区链，长三角国家自主创新示范区创新科技园区链更加体现出高新区之间的互相承接产业转移而实现的协同效应。

（二）长三角发展模式

长三角地区创新园区链的发展，更多地依托市场"看不见的手"对于资源配置的力量，遵循"产业链协同+市场驱动"型的发展模式。

第一，长三角地区创新园区链通过各地产业园区承接产业转移而协调发展。从长三角地区的龙头上海出发，上海对外产业转移的行业主要有电子信息、汽车、钢铁，以及政府推动"三高一低"产业项目。同时，上海对外转移的产业逐渐呈现两种截然不同的转移分化方式，我们把产业转移的趋势与长三角地区园区链的发展结合起来分析。一类产业转移集中在资本密集、技术密集型行业或企业，这类主体具备自主创新实力、空间布局能力，满足价值链延伸的要求。在长三角地区，南京溧水经济开发区主要承接汽车及零部件生产，苏州工业园承接汽车行业的重点客户；萧山经济技术开发区、宁波杭州湾经济技术开发区等有能力承接高端装备制造业；南京南钢基地、梅山基地可承接钢铁产业。另一类则集中在劳动密集型、资源密集型、环境损耗型产业。在长三角地区，南京白下高新技术产业园区、南京高新技术产业开发区、杭州高新技术产业开发区、昆山光电产业园等都是以电子信息产业为特色的产业园区，承接来自上海的转移；浙江余姚工业园区、江北工业园区、苏州吴江盛泽纺织科技产业园区以承接纺织产业为主。更重要的是，长三角地区不仅有南京、杭州、苏州、宁波等城市的产业园区承接来自上海的产业，还有第二梯队的城市进一步承接来自重点城市产业园区的第二步转移。例如，宿迁的苏宿工业园区主要承接来自南京高新区、苏州产业园区的转移；湖州、嘉兴、绍兴三市各产业园形成临杭工业带、临杭工业园，承接来自杭州高新区和杭州产业园的企业入园。

可以说，长三角地区产业园区链的发展与整个地区产业梯度差的形成和次第转移是分不开的。这种"链"式合作模式保证了在长三角地区技术及资源的有效流通的情况下，各个已经成长起来的产业园区都具有极高的活力和动态应对能力，从而促进各个第一梯队高新区自身的竞争力，通过市场调配，增强高新区的创新能力，激发更多的创新产品的诞生；而第二梯队产业园区能更好地享受规模效应带来的增益，学习第一梯队高新区的先进经验，获得第一梯队高新区资源的溢出，逐步实现自身的发展。

第二，基础设施的完善与产业园区服务为长三角地区园区链的发展助力。近些年来，长三角地区已形成全国最为密集完善的高铁网，区域内"三省一市"41个地级以上城市中34个通了高铁，动车组实现公交化开行，"1小时至3小时生活圈"梦想变为现实。数据显示，2018年，长三角铁路到发旅客首次突破13亿人次，其中高铁到发9.75亿人次，长三角铁路用占全国铁路8%的营业里程，承担了近 20% 的铁路旅客输送量①。从公路运输来看，以 G15、G42、G50、G60 高速为纽带，从上海出发，沿途产业园区如同散落的珍珠，被这条"创新项链"一一串起，人才、资金、装置、项目等科创要素在区域范围实现更优配置。此外，对于长三角地区来说，由于该地区上海、浙江、江苏产业定位基本趋于一致，而安徽又旨在承接 3 大省市的溢出产业，区域内竞争巨大，也正是因为区域内的高度竞争，促成了长三角区域产业园区对于产业做到极致的产业服务。

（三）长三角发展综合分析

综合来看，长三角地区创新园区链采用"产业链协同+市场驱动"的发展模式。首先，虽然长三角地区创新园区链的各个产业坐落于不同的城市，但非常完备的基础设施建设不仅使得创新园区链有形资源及无形资源流动非常顺畅，还极大地塑造了一个可以充分竞争的商业生态。稠密的企业密度和充分的竞争环境极大地促进了各个企业"想创新、敢创新、能创新"的竞争氛围。此外，长三角地区创新园区链内产业虽有侧重，但生产资源能相互整合，很难出现生产资源过剩从而冗余浪费，或者生产资源欠缺从而发展缓慢的情况。这种特征降低了企业经营活动的成本，也降低了各个企业所面临的经营风险。产业链良好的协同效应，配合企业在市场中高活性的动态竞争能力、时刻不忘知识创造的创新能力，使得长三角地区创新园区链整体可持续地保持一种高速发展的状态，这也是其余创新园区链可以借鉴的模式。

第三节　国内外科技创新园区链建设对京津冀地区的启示

在谈国内外科技创新园区链建设对京津冀地区的启示之前，对各个地区创新园区链建设发展现状与发展模式进行分析，概括各个地区发展的优势要素，结果如表 5.1 所示。

表 5.1　国内外科技创新园区链发展关键要素优势总结

关键要素	美国波士顿 128 公路	美国硅谷	德国鲁尔区	日本筑波科学城	中国广深科技创新走廊	中国长三角
政府支持					√	
交通便利	√		√	√		√

---

① 李治国. 长三角铁路加速一体化进程[N]. 经济日报, 2019-01-07（10）.

续表

关键要素	美国波士顿128公路	美国硅谷	德国鲁尔区	日本筑波科学城	中国广深科技创新走廊	中国长三角
产业发展		√	√			√
市场活力		√			√	√
科技人才	√	√		√	√	
自然资源			√			

通过表 5.1 我们可以直观地看出，不同地区园区链建设发展各有所长，各有侧重。例如，美国波士顿 128 公路，就是在政府的规划和指导下，依靠 128 公路带来的交通优势，充分在公路沿线整合不同性质的智力资源与生产资源，各个园区依托公路而形成"链"式分布。与之不同，我国广深科技创新走廊的"一廊十核多节点"则更多的是在政府的规划和指导下，将各个创新园区的优势串联起来，充分以"链"连接沟通不同的创新园区，促进不同园区之间的交流与协作。

总的来说，对比目前京津冀创新园区链的发展状况，国内外科技创新园区链建设对京津冀地区园区链发展主要有以下几个方面的启示。

一方面，园区链的发展壮大，离不开"有为政府"作用的发挥。首先，京津冀要想形成将三地的科技创新园区串联起来的合作模式，应加强政策引导，做好顶层设计，制定引导政策，引导产业转移集聚，吸引人才集聚。通过对标美国波士顿 128 公路及我国广深科技创新走廊，我们认为，对于京津冀创新园区链的发展建设来说，要通过多地政府和园区管理机构的设计，为园区链的配合发展提供蓝图和宏观指导，利用政府在调配资源和协调各方面的优势，支持园区链各方的资源共享与协作，推动园区内企业的研发与创新活动，进一步地推动将科技成果转化为实际生产力。其次，我们不仅要充分发挥政府在建设中的主导作用，更要注意根据不同的发展阶段和发展条件，对园区发展的目标规划适时做出调整。对于京津冀创新园区链的发展建设来说，发挥积极政策指引、进行有效的顶层设计规划、凝聚多方力量形成创新合力，是实现长效持续发展的先决条件。最后，在功能规划上，也要充分发挥我国高速铁路网络和公路网络的优势，提高园区与园区之间、各个科技园区之间的交通效率，降低各园区间通行成本，完善基础设施建设，为园区链的发展提供支撑，这也是"有为政府"的表现之一。

另一方面，园区链的发展壮大，离不开"有效市场"活力的激发。其一，对标我国长三角、广深科技创新走廊和美国硅谷，我们认为，园区链的形成是以产业链为基础，通过生产要素、创新要素沿着产业链上下游的转移从而将各个园区串联起来的，因此需要充分激发市场在资源调配方面的活力，促进资源跨区域流动，形成区域分工合作体系。市场调配有助于推动资源自发地遵循市场规律而调整，对于京津冀创新园区链的发展来说，要充分发挥京津冀地区各产业园区之间的协调作用，帮助各个园区之间共享资源、优势互补，催生新的合作，碰撞出新的创新火花，产生协同效应。其二，京津冀科技创新园区链应也应当给予企业充分发展空间，激发作为创新主体的主动性。对于京津冀创新园区链的发展建设来说，政府首先应当明确定位和作用，在创新活动的过程中给予园区内各个企业充分的自主性与能动性，自下而上地激发企业作为创新主体的优势。同时，也要给予园区内的研究机构、企业、大学等单位适当的空间与自由，激发不同主体在创新层面的活力，避免落入死板僵化的困境。

第四节 本章小结

本章主要对美国波士顿 128 公路、美国硅谷、德国鲁尔区，以及我国广深科技创新走廊、长三角创新园区链的发展历程、发展现状、发展模式展开分析，并总结提炼了主要发展经验。

美国波士顿 128 公路虽然采用了"产学研协同+政府推动"模式，但在知识共享、知识应用方面出现了问题，高校、学者、企业之间的知识流通不畅，从而极大地削减了企业的创新能力，使得政府政策推动的效果与持续性大打折扣，也使得整个地区的商业竞争能力逐步下滑，最后退出了历史的舞台。

美国硅谷成功地避免了波士顿 128 公路的困境，采用了"产业链协作+产学研协同"的模式，极大地调动了企业、高校、学者对创新的兴趣与追求，也塑造了知识交流、共享、应用的氛围，从而极大促进了知识创新的诞生。在这种模式下，政府政策只需要稍加诱导，整个地区就能实现可持续创新发展，有着极高的竞争能力。

德国鲁尔区采用了"产业链协同+产业升级"的发展模式，通过较为聚焦的产业及政策诱导，在初期取得了较好的成绩。然而，由于产业升级不足、单一资源依赖过于严重、产业发展不平衡等不利因素，该地区逐渐出现资源浪费与资源不足并存、创新能力缺失等问题。随着时间推移，鲁尔区也逐渐退出了历史舞台。

日本筑波科学城的发展可以被概括为"政府主导+产学研结合"的发展模式。在这种发展模式下，筑波科学城从设立之初就承载了国家技术创新的使命，并且以国家级科研机构作为创新主体，也能够动用政府力量帮助达到创新产业园区发展的定位初衷。同时，筑波科学城也启示我们，在发展创新园区链的过程中，需要注意灵活发挥政府作用。由于政府往往不能准确地把握市场需求、预测技术发展的方向，容易出现政府干预错误或者干预过度的情况，此时，就需要结合市场的力量，发挥市场机制的作用。

广深科技创新走廊采用了"产业链协同+政府推动"的模式，其发展较为依赖政府政策。政府通过引入专家调研，进行较为全面的通盘考虑，有针对性地进行政策诱导及推动，能快速地塑造出一批特定方向上的高竞争力企业。这种模式虽然在效率上非常卓然，但政府也应时刻关注市场环境，避免资源浪费及恶性竞争的事件发生。

长三角采用的"产业链协同+市场驱动"的发展模式，是"看得见的手"与"看不见的手"的折中。该创新园区链通过政策诱导，确定主要的发展方向，又利用环境因素，塑造完备的市场竞争氛围，使得企业活力、动态竞争能力及创新能力极大提高，促进创新园区链整体的创新能力及竞争力有序提升，整体创新园区链可持续发展。

总体来说，本章内容主要包括研究总结国际、国内创新园区链发展的经验及教训，研究各个地区创新园区链差异化的功能定位和产业布局的模式，研究其产业配套形成的历程，总结各园区建设运营的模式。总的来说，本章通过开展对标分析与案例分析，将政策建议落脚于"有为政府"和"有效市场"的结合，以期为创新京津冀科技园区链的模式与路径提供参考和借鉴。

第六章 完善京津冀科技创新园区链建设对策建议研究

京津冀科技创新园区链的发展是一个系统问题，涉及政策、资源、环境、公共服务、产业、园区服务及创新创业生态系统等多个层面。为深入研究完善京津冀科技创新园区链的对策建议，课题组在进行文献调研、实地调研及问卷调研的基础上，还面向政府部门负责人、业界专家学者及京津冀主要科技园区负责人等15位专家进行了深入访谈，访谈提纲见附录2至附录4。推动京津冀科技创新园区链的进一步发展，需要以园区链的功能链和产业链两大基础为抓手，保证京津冀三地科技园区的产业分工协作与合理梯度，在功能链上缩小服务差距，在产业链上加强要素流通，动态延伸京津冀科技创新园区链。此外，本章还对雄安新区园区链的模式探索进行了思考。

第一节 政策、资源、环境层面

政策对京津冀科技创新园区链建设具有引导作用，政策创新是园区链创新的领头羊，创新体制机制、优化园区资源利用与配置、加强生态环境保护需要更好地发挥政府作用，同时需要加强政策协同，推动政策落实。

一、强化全方位、多层次、立体化的政策协同，推动政策措施组合使用

政策实施环境的复杂性决定京津冀科技创新园区链上各园区的政策目标和措施容易出现差距和不平衡，从而影响政策落实，这就要求各地政府和各政府部门通力合作，出台具有一致性和综合性并且彼此兼容的政策，即实现政策协同。有

学者将政策协同的表现形式分为三种：上下级政府之间的纵向协同；同级政府之间、同一政府不同职能部门之间的横向协同；政府公共部门与非政府组织之间的内外协同[①]。在京津冀科技创新园区链实践中，还应注重第四种形式的政策协同，即区域协同。

一是纵向协同，上下级政策有效衔接。自上而下，应出台具体配套措施，在上级政府对京津冀区域全面创新改革试验的政策支持下，京津冀科技创新园区链上各地政府和园区应出台具体的配套措施，主动建立起技术创新体系，不断深化体制机制改革。自下而上，应争取上级支持，进一步深化体制整合创新，依托京津冀科技创新园区链上各创新平台，积极争取中央部门相关政策支持，在各园区开展体制改革创新，提高行政效率。

二是横向协同，整合不同部门政策。一方面应做到部门间政策无缝隙全覆盖，政府各组成部门之间的功能、结构、资源的有效整合，在部门之间实现交互式、一体化的政策效果，实现公共服务的无缝隙提供；另一方面应避免部门间政策过度叠加和政策冲突，政府各部门之间应建立政策的信息共享和信任联动，形成无障碍沟通渠道，避免因目标不一致、信息难共享、彼此不信任、政策不清理等引发的政策冲突导致公共利益受损，避免公共政策目标渐行渐远，阻碍园区经济社会发展。

三是内外协同，调动非政府主体合作动力。政府政策落实离不开企业、非政府组织、民间机构等非政府主体的参与，因此在政策设计过程中首先需要考虑政策内外协同所涉及的主体、内容和方式，政策在非政府主体间传递的信息成本和实施成本，以及非政府主体执行政策所能获得的收益。为了充分调动非政府主体的合作动力，应建立和完善公众参与机制，公众参与能提高政策制定的科学性，同时也能促进企业等非政府主体对政策的理解，减小政策执行的阻力。

四是区域协同，破除行政区划藩篱。京津冀三地经济发展水平和公共服务水平存在较大差距，相关政策也存在较大差异，必须打破现在行政分割。在政策制定上，京津冀科技创新园区链应完善协同规划机制，以统一协调的法治作为保障，确保区域层面、要素层面的政策目标、任务、指标、标准具有系统性、一致性、协调性和区域差异性。在政策执行上，京津冀科技创新园区链应完善分工协作工作机制，建立信息共享平台和工作配合机制，保障区域利益的公平。

[①] 周志忍，蒋敏娟. 整体政府下的政策协同：理论与发达国家的当代实践[J]. 国家行政学院学报，2010，（6）：28-33.

二、改革管理体制与工作机制，为创新要素跨区域流动提供制度保障

管理体制和工作机制的改革创新是科技创新园区链协同发展的动力，也是解决京津冀科技创新园区链建设关键制约问题的根本保证。为了加强现代化经济体系建设，推进治理体系和治理能力现代化，可采取以下措施理顺京津冀科技创新园区链上各园区之间、园区与企业、园区与地方政府的关系。

一是深化"放管服"改革。市场和政府是围绕资源配置推动经济发展两支不可或缺的力量，京津冀科技创新园区链发展应理顺政府与市场的关系。充分发挥市场在资源配置中的决定性作用，进一步简政放权、放管结合、优化服务。放，即将行政审批、经济协调与管理等权限充分下放到园区，遵循权责一致的原则，避免出现纵向监管部门不统一、横向监管部门有交叉等问题，降低企业因监管带来的隐形成本。管，即创新和加强监管职能，利用新技术新体制加强监管体制创新，提升园区链上后发园区的人员配备、技术手段和信息水平，缩小不同地区的园区在执行条件、执行程度和隐性要求上的差异，力求监管标准统一。服，即制定激励措施充分调动企业、机构、人才、资本等各方积极性，促进社会资源的参与，以需求引领科技创新园区链建设。

二是创新管理体制和工作机制。政府是跨区域创新网络建设的重要参与者和推动者，政府通过政策制定、资金提供、平台搭建、环境营造等方式，为京津冀科技园区链的发展营造良好的创新发展环境和科技产业生态环境。以中关村科技园区与津冀的重点合作园区为试点，探索打破属地管理限制，建立以科技园区为主体、以高势能园区为主导的新型管理体制。全面贯彻落实《京津冀系统推进全面创新改革试验方案》，构建跨区域的园区协同互动机制，强化中关村与津冀两地园区的工作协同；营造良好的市场环境，推动京津冀企业开展上下游或横向的技术创新合作、新产品开发合作与产业链协作，从而形成基于产业链的企业间技术创新链或产业集群；构建产学研协同创新机制，推动大学、科研院所与企业之间的知识流动、协同研发、人才培养与信息交换，形成以产学研合作为核心的知识创新与技术创新机制；创新利益分配机制，激发京津冀三地科技园区的活力，把财税共享、人才服务、科技金融等政策落到实处，促进创新资源合理配置、开放共享、高效利用，加快形成一体化、有机衔接的政策体系和工作机制，推动科技园区实现高质量发展和可持续发展。

三是加强顶层设计和园区服务。基于科技创新园区链上不同园区的产业特色与定位进行园区链布局，避免同质化发展和低水平建设，服务于园区特色产业经济发展。同时，着力在提升园区服务能力和服务水平上下功夫。以服务园区内各创新主体的创新与发展需求为核心，聚焦重点项目、重点团队及领军人才的现实

需求，组建新型园区服务机构，深入开展信息咨询、技术转移、知识产权、科技评估、人力资源、科技金融等各类专业化服务，满足不同类型主体、不同创新环节的服务需求，促进创新活动的开展和创新资源的优化配置。

三、人才引进、培养与管理"三管齐下"，实现人才资源全面同步共享

京津冀三地之间人才差异明显，因此要在人才资源共享的基础上促进人才跨区域流动。人才是基础，是制约发展的瓶颈，对于科技创新园区的建设来说，作为创新之源的人才更是第一资源。人才政策不能只着眼于引进，后续的培养与管理必须同步跟进，才能有源源不断的优秀人才支撑京津冀科技创新园区链的发展。

一是以人才柔性流动打破地区间人才引进的体制障碍。出台人才柔性流动政策，充分尊重知识创新和人才自身价值，尊重个人工作与单位用人的自由，是突破京津冀地区间的人才引进体制障碍，推动京津冀科技创新园区链上人才资源的合理配置的关键。京津两地优质资源大量集中，人才吸引力强，而河北对高层次人才吸引力相对欠缺，因而可以通过具体项目展开人才合作，企业因某一项具体的技术开发或项目攻关的需要，充分利用园区链的平台优势，与园区链上其他园区的企业或科研单位展开合作，实现人才共享、智力交流。企业也可以聘请园区链上其他园区的人才到企业兼职，通过定期往来、灵活工作期等方式进行跨地区工作，并逐步在园区链内形成多条不同专业的人才专家链，进一步发展成为专业结构合理的人才兼职网络。

二是拓宽人才培养与上升通道。从京津冀科技创新园区链的视角建立整体系统的人才培养与上升通道是留住人才的关键。对于京津冀三地合作成立的股份制园区管理公司，对管理人才的政策空间、考核、激励等最为重要，因此，必须将人才竞争与激励相结合，建立容错纠错机制和创新激励机制。与此同时，应在整个园区链上建立体系化的学习组织，以此鼓励人才的个人自学与组织学习相结合，为组织中人才提供更好的发展机会和平台。科技园区发展经历了四个阶段，主要如下所示：1.0阶段主要体现为最早的"三来一补"，相关企业以加工企业为主，缺乏技术含量，园区主要体现的是其招商职能；2.0阶段主要体现为产业链的聚集，此时已形成产业密集型园区，这一阶段主要考验的是园区的管理职能；3.0阶段主要体现为对优质项目的培育提升，园区通过提供企业发展所需的高水平的社会公共服务来吸引企业，这一阶段主要考验的是园区的服务职能；4.0阶段主要体现为创新项目及创新要素的聚集，园区通过与政府、高校、科研院所、行业核心企业的紧密联系，为园区内企业提供更加广泛专业的资源，这一阶段考

验的是园区的创新能力。因此，园区未来发展重点在4.0阶段，建立以技术研发人才、项目团队为核心的一条龙服务，帮助企业整合创新资源，是园区的核心竞争力。

三是制定公平多样的人才管理制度。科技创新园区引进的人才一般从事创造性的智力活动，其工作任务难以进行定量化计算，因此，人才管理必须采用多样化、个性化的激励机制。人才管理的制度制定应充分考虑人才自身和工作特点，在平等、完善的人才评价体制基础上探索多样化、个性化的管理，如性别的多样性、年龄的多样性、智力的多样性、气质和性格的多样性等。人才管理与考核方式公平的关键是在注重人才隐性指标的同时重视人才综合素养与能力，如道德品质、责任意识、学习理念、合作精神、创新能力等都应予以综合考虑。

四、发挥河北土地资源优势，统筹土地资源科学高效合理利用

京津冀科技创新园区链上各地的园区资源禀赋不同，社会经济发展水平对环境的影响存在差异，尤其是各地土地资源总量和用地指标情况差异明显。京津部分园区土地资源开发已接近饱和，投资项目源源不断却面临无地可用的困境；而河北有些园区土地资源供应充足，却难以吸引到外来投资项目，造成土地资源大量闲置。平衡各园区的土地需求与供应，需要综合考虑园区土地资源的压力，因地制宜制定土地资源利用政策，进行有效的土地资源管理。

一是建立统一协调的园区土地资源利用和管理机制。对不同区域的建设用地进行评价与比较，判定园区的土地利用趋势和土地资源潜力，整体把握京津冀科技创新园区链土地资源情况。进一步用好建设用地增量，盘活建设用地存量，优化建设项目用地结构和布局，创新土地利用模式，以土地的宏观调控作用促进京津冀科技创新园区链经济发展方式的转变。河北具有土地资源优势，在产业布局上，可以承担土地要素投入较大的产业，而京津的园区应转型发展单位土地面积资本投入强度较大的产业部门或产业环节。

二是推进园区土地资源节约集约利用。根据京津冀科技创新园区链上不同园区的区位、自然环境条件、经济发展阶段、技术水平高度、经济因素、经营者和劳动者情况、政策法规制度等，针对不同地区的环境适应性，推进园区土地资源节约集约利用。以符合有关法规、政策、规划等为导向，确保入园项目的投资强度和建设速度，对新项目容积率等土地利用强度指标应提出明确要求，对已投产项目鼓励进一步提高投资强度，采取的具体措施包括提高厂房层数和地块容积率，改变粗放的经营管理方式等，充分挖掘土地利用潜力，以提高园区土地利用效率和经济效益。

三是引导园区土地资源功能混合使用。混合使用开发是指通过有目的地对空

间和物质进行改造，创造出兼容土地和空间用途的混合状态的过程，是以功能混合为目标的对城市空间资源的综合开发，最终形成一个和谐宜人的物质环境①。引导园区土地混合使用开发一方面有利于增强各相关产业和生产服务机构之间的联系，减少交通成本，促进园区多样性的成长；另一方面园区土地不同功能的使用能够提升园区的活力，营造更好的生活环境和服务环境。

四是健全市场机制，处置低效用地。在激励园区高效利用土地资源的同时，应建立监测和定期评估制度，对低效用地进行处置，确保在有限的土地资源上，尽可能提高土地对建筑、人口、经济的容受能力或承载能力。对于已签约、长时间不开工的项目或"半拉子"工程，因地制宜综合采取协议收回、依法转让、限期开发、兼并重组和协议置换等措施，确保土地资源高效利用，促进产业改造升级，提升京津冀科技创新园区链整体产业品质。

五、多元主体协同治理生态环境，探索生态环境跨区域保护新框架

在当前京津冀科技创新园区链发展过程中，部分污染企业，特别是大型排放企业被转移至环保监管相对宽松的地区，但京津冀地区在地理上相连，污染源不论处于何地，由于气候、地形等因素，影响势必是全局性的。在当前国家大力推动京津冀协同发展和环境治理攻坚战的背景下，尤其是近几年的雾霾天气等环境问题，大家对环保的呼声越来越高，京津冀科技创新园区链必须加强生态环境的协作治理，保障园区工作者和居民的身心健康。

一是协调统一环境评价、监管标准。京津冀科技创新园区链应建立协调统一的环境准入和退出机制，要将生态环境治理和保护的措施及效果统一纳入园区发展评价指标体系中进行考核和评价。不同区域的园区应对入园企业采用统一污染物排放标准，防止在经济利益的驱使下，部分企业不愿意更新环保设备而转移至监管相对宽松的园区。同时，应该严格环保监管执法，协同设置生态环境监管执法机构，统一执法力度和标准，协调跨区域环保纠纷。

二是推进跨区域生态环境协作治理。京津冀地区生态环境共治主要集中在大气污染治理和水污染治理方面②，基于空气污染和水污染本身的特性，污染治理不能局限于固定的某一地方地方或某一个单独的政府部门，生态环境保护是区域公共问题，生态环境的治理也具有区域公共的特性，因而必须推进跨区域生态环境协作治理。合作治理过程中，要建立信息共享机制，建设完善的跨区域预警合作系统，并就治理过程中遇到的问题进行沟通和协调。为了确保各个系统之间的

---

① 钟力. 混合使用开发理念解读——以深圳华侨城规划设计为例[J]. 新建筑, 2010, (5): 118-122.
② 彭文英. 京津冀地区生态共建共享机制优化[J]. 贵州省党校学报, 2018, (6): 12-17.

协同合作达成整体协同治理的成果,要充分协调各个系统之间的利益。

三是推动技术创新,发展循环经济。充分发挥园区链的优势,联合开展技术攻关和创新,对生产流程和生产方法的技术进行改造,将传统生产过程"自然资源—产品—废弃物"单向流动的线性生产模式转变成"自然资源—产品—再生资源"反馈式环形生产模式。发展循环经济,自然资源得以重复利用,将极大地减少矿物资源的开采。同时也能实现生产过程的零排放,最大限度地减少生产过程中造成的空气污染和水体污染。

第二节　公共服务层面

公共服务层面主要聚焦于功能链的生活服务部分,人才是创新的核心要素,京津冀科技创新园区链公共服务供给应该以人才为中心,保质保量提供各种类型多种层次的公共服务,免除园区工作者生活上的后顾之忧,使其积极投身工作,激发其创造力,推动园区链发展。

一、建立新型住房管理制度,完善多层次住房供给政策和市场调控体制

住房保障制度对留住人才至关重要,京津冀科技创新园区链创新公共服务首先应当建立新型住房保障制度。当前河北的住房保障支出较少,而京津在住房保障环节面临的最大问题则是商品房房价居高不下,高房价会对创新人才产生挤出效应。对于京津冀科技创新园区链的住房供应体系,必须厘清市场配置和政府保障在其中的边界和作用,坚持两条腿走路,稳定商品房合理房价的同时提高政府保障性住房供给,根据园区工作者的结构,满足市场多层次需求,以政府为主提供基本保障。

一是坚持租售并举,提高政府供应的住房比例。引导社会正确的住房消费观念,坚持公平原则和效率原则,提高政府供应的住房比例,其中租赁式保障性住房的投资总额和新开工面积与集资合作建房、经济适用住房、限价商品住房等产权式保障性住房相匹配。满足园区工作者基本住房需求是住房保障体系建设的着眼点,关键在于确保园区工作者具备舒适的居住条件并保护他们的居住权,而不是强调住房的产权占有。租售并举是住房保障体系建设的现实选择,特别是人才公寓房的建设,提供给引进的高层次人才租住,符合条件的给予租金补贴。在租售并举的同时,探索租售同权,确保租房的园区工作者与拥有住房产权的业主享

受同等待遇。

二是商品房供给侧改革,需求调控与供给管理并重。在多元化的商品房供给方面,园区及地方政府应保障住房市场平稳健康发展,关键在于弱化住房投资属性,使其重归居住属性。首先,建立健全住房市场调控工作责任制,落实国土、房管、建设、规划、工商、价格、公安、税务等部门的主体责任,齐抓共管。其次,从需求侧入手,遏制园区房地产投资投机性需求,挤压炒房套利空间。最后,结合京津冀各地实际,完善园区住房用地供应制度,在河北的园区实行适当优惠的住房税收、信贷和土地供应政策。

二、共享优质基础教育资源,妥善解决员工子女教育问题

子女教育是园区引进的各类专业人才共同关注的重点问题,也是园区工作者选择就业地的重要影响因素。受地理位置和社会发展等因素的影响,京津冀地区教育资源分布处于非均衡状态,针对这一现实情况,应采取措施突破地域限制,在园区链上提供相对均等的教育机会,保障园区工作者子女能享受到满意的教育服务。

一是优质基础教育资源跨区域共享。通过优质基础教育资源在京津冀科技创新园区链上的共享,提升教育供给质量,保证园区链上不同地区的园区工作者子女都能享受到优质教育资源。首先是名校资源共享,通过托管、集团办学、合作共建等跨区域办学形式,在教育资源相对落后的地区引进先进教育理念,采用同质化的教学和管理手段,为园区工作者子女提供享受名校教育的机会。其次是师生跨区域交流,后发园区的学校可选派骨干教师进京培训,建立跨区域的校长、教师定期互派机制,开设异地实践课程为园区链上不同地区的学生提供跨地域的文化交流学习机会。最后是充分利用网络资源,突破时空限制,通过云课堂等形式丰富教学内容和特色。

二是为园区人才子女入学提供便利。京津两地虽然教育资源质量高,但教育资源供应仍然相对紧缺,应进一步完善基础教学公办学校入学积分制度,园区人才的社会贡献可作为子女入学积分的重要依据。突破户籍限制,京津冀三地园区的非当地户籍园区工作者子女就读义务教育阶段和高中阶段学校,应享受当地户籍学生待遇。考虑外籍人才的现实需求,推进中小学国际合作办学和国际学校建设,引进国内外名校或名教育机构合作办学,加大国际学校建设力度,试点普通中小学开设招收外籍人员子女的国际部。

三、构建医疗保障合作机制,整体提升园区链医疗服务水平

良好的医疗服务是人才持续工作的基础保障,长期以来,京津冀高端医疗设施的空间布局不均衡,高端医疗设施密集分布于京津两地,而河北医疗水平与京津相比则存在一定差异。高端医疗资源是人才向京津冀科技创新园区链上游集聚的重要因素,推动专业技术人才在京津冀科技创新园区链上的扩散流动,必须提升下游园区的医疗服务水平。

一是深化改革,推进医疗服务均等化。考虑到京津冀科技创新园区链上各园区人才流动特点,医疗设施按照规划常住人口标准配备难以满足需求,满足园区非当地户籍园区工作者群体医疗服务需求是医疗服务均等化的基本要求,因此必须提高医疗资源配置标准。积极探索医疗合作托管模式是充分发挥北京优质医疗卫生资源的支持帮扶作用,提升河北地区的医疗卫生服务水平的重要途径,通过整合优质资源、实施完整持续的合作机制和举措,能够带动京津冀科技创新园区链下游园区的医疗卫生服务水平全面提升。

二是以贡献为标准,人才分层次享受医疗待遇。在医疗保健资源相对紧缺的情况下,以社会贡献为标准划分人才享受医疗保健待遇的层次,强化人才医疗保障。不同层次的人才按照等级标准享受由政府提供的相应层次的医疗保健服务待遇,提供相应层次额度的医疗保健资金。同时,对于不愿享受医疗保健待遇的高层次人才,在其购买商业医疗保险等的医疗保障时为其提供支持和补贴。

四、鼓励公共交往活动,以知识溢出带动创新的空间集聚

京津冀科技创新园区链上集聚了各类创新人才,人才是知识、技术和创新能力的载体,而公共交往空间能够吸引创新人才来此进行公共交往活动,促进信息交流和知识溢出,在思维碰撞中产生新的想法。足够的公共交往空间不仅能够营造良好的创新环境和创新集聚氛围,同时也能满足园区工作者尤其是青年人才的社会交往需求。

一是注重人文关怀,释放生机活力。京津冀科技创新园区链建设过程中应避免陷入传统科技园区只注重纯粹工作,成为科技孤岛的困境,针对科技园区工作者年龄结构特点,在空间上应注重体现人文关怀,释放园区的生机与活力。例如,办公场所的空间组织可精心设计具有趣味性的非正式交流空间,为员工提供个性化的交往空间;在建筑设计上应避免过多冷冰冰的金属质感,整体风格应该简约大方,温馨舒适,使园区工作者能够产生情感依赖和归属感。

二是建设多元性场所,满足多元功能需求。人的活动的偶然性和社会交往的

多样性往往能够激发创造力,因此科技创新园区中的交往空间不应只具有纯粹的交往功能,而应该是多元性场所,同时,其他功能空间也可以融入交往功能。例如,科技创新园区中可以引入茶室、24小时书店等经营性商业服务设施,既能进行交往活动,也能进行休闲活动。又如,科技创新园区中的广场、公园等开放性空间的设计,应注重满足园区工作者和居民各类活动的使用。

三是在公寓建筑设计中融入交往空间。园区建设的青年公寓、人才公寓等住房设施不仅是居住空间,也是重要的交往空间,应丰富空间的功能。美好的环境和氛围浓厚的空间是交往行为发生的前提,因此,公寓建筑设计中应留出公共空间,其位置和大小还应进行深入设计使住户得到较好的使用体验。例如,休息平台的位置应具有美丽的景观和良好的视野,这样的交往空间更舒适。

第三节 产 业 层 面

产业是科技创新园区的核心,产业链是驱动园区链运转的主轴,根据经济活动的运作规律和相互联系,京津冀科技创新园区链产业创新发展应该从横向产业结构和纵向产业链同时切入。

一、优化园区链产业结构,提升产业协调度和完整性

在全球化的背景下,京津冀科技创新园区链产业结构优化升级是提升国际竞争力,在全球合作与竞争中占据有利地位的必然选择。总体趋势是在合理高效的基础上,通过优化运行机制、促进科技创新,形成具有协调上升性和动态可塑性的产业结构。因此,可从传统产业、新兴产业和特色产业三个方面促进京津冀科技创新园区链产业结构优化升级,提升园区链内产业链的协调度和完整性。

一是改造升级传统产业。北京是全国政治中心、文化中心、国际交往中心和科技创新中心,以发展高端服务业为主;天津作为北方最大的国际港口城市,以发展航空航天、电子信息、生物医药、新能源新材料等先进制造业为主;河北作为原材料基地和农业大省,以加工配套高新技术产业、先进制造业和发展现代农业为主。在深入分析市场需求的基础上,改造升级京津冀科技创新园区链上的传统产业,提高其技术含量和附加价值。一方面要支持企业持续推进技术创新、产品创新和模式创新,从而提高企业生产效率和技术含量,另一方面强化设计、研发、标准、专利、品牌、核心零部件和营销等环节,从而提高产品附加价值。以此满足品质化、多样化的市场需求,拓宽传统产业的发展前景。

二是大力培育新兴产业。把握大数据、云计算、人工智能的主旋律，基于京津冀科技创新园区链各地园区的资源禀赋、比较优势、发展阶段和已有的产业发展基础培育引领全球的新兴产业。在新兴产业的选择上，必须考虑其战略性，产业链在京津冀科技创新园区链上必须具有足够的延伸潜力，发展过程中能够与上下游和相关产业产生关联效应，同时促进京津冀区域经济形成优势，使得京津冀区域在全球竞争与合作中获取更大利益。京津拥有优越的科技创新资源，应着力培育新一代信息技术和新能源新材料等新兴产业；津冀具有临海的地理优势，可大力培育海洋产业。

三是协同发展特色产业。依据资源效能最大化原则，协同发展各园区链的特色产业，提高区域资源共享性，形成特色鲜明的产业集群。特色产业的选择遵循因地制宜原则，特色产业是区域优势的集中体现，必须从区域自然资源、社会经济发展程度和科技水平等实际情况出发，综合考虑经济效益、社会效益和生态效益。发展各园区链特色产业必须加强合作与协调，从园区链整体利益出发，统筹规划，充分发掘各个组成园区的资源要素特色优势，发展各具特色的产业链；同时为了保证各园区链发展差异化的特色产业，应加强京津冀跨地区合作与协调，实现市场信息共享，在资金、技术、资源上优势互补、互通有无。

二、延伸园区链产业链，全面提升产业附加值和竞争力

产业链延伸是指通过对产业部门追加劳动力、资金、技术等投入，使产业链的后续产业环节得以增加，或是得以增生扩张以获取追加收益的过程[①]。产业链关联关系内在要求产业链的延伸必须突破地域空间限制，获取区域比较优势。因此，京津冀科技创新园区链的产业链向纵深发展存在先天基础，符合产业链的区位客观要求。重点是产业链环节配置到京津冀科技创新园区链上合理的经济区域，产业链同步向下游延伸。

一是整合产业资源，跨地区构建产业链环。整合京津冀区域的资金、技术和劳动力等产业资源，跨地区构建京津冀科技创新园区链的产业链环，力求提高产业资金总量、技术含量和劳动力就业量。这就需要清除区域壁垒，积极促成科技创新园区链实现京津冀区域层面的经济合作。在京津冀区域经济社会发展过程中，各地资源禀赋条件也是动态变化的，某些资源赋存条件不理想的区域有可能在新的市场需求下凸显其比较优势，从而该特定产业部门的布局会发生区域间转移或延伸。因此，产业资源的整合、产业链环的构建必须综合考虑地域比较优势，形成科学的产业链延伸空间布局。以新能源产业为例，北京发挥技术和人才

---

① 龚勤林. 区域产业链研究[D]. 四川大学博士学位论文，2004.

优势着重新能源产业的研发,天津发挥产业集群优势着重新能源成果转化,河北发挥制造基地优势,着重新能源产品及相关设备制造。

二是强化高附加值环节,引领行业制高点。经济学的"微笑曲线"一端拥有高垄断的市场,另一端拥有高垄断的技术,都具有高附加值。因此,要加大科研投入,提高技术含量,向产业链上游的规划设计等环节延伸,提高京津冀科技创新园区链与其核心竞争力密切相关的研发和设计水平,促使产业链上游环节的附加价值提高。与此同时,增加在产业链下游的介入力度,对制造业企业而言,营销管理、品牌管理及产品的延伸服务等下游环节是发展重点,可通过支持相关服务外包行业企业的发展,提升产业链下游的附加价值。

三是建立产业联盟,协调延伸上下游产业。建立涵盖产业链上下游环节的产业联盟,增强资源整合能力,提高产能配合度,协调产业链环节的延伸。协调延伸上下游产业也是产业联盟的主要任务之一,产业联盟建立后,应着重深入剖析产业规律,在分析现状的基础上找出提升产业发展潜力和竞争力的关键,并针对问题制定产业发展长期规划,协调产业链上下游纵向延伸。

第四节 园区服务层面

除了为生活服务的公共服务部分,园区链的功能链另一端是为生产服务的园区服务,园区服务以企业为主要服务对象,为企业发展提供支撑,推动产业链发展,带动全园区链经济发展水平提升。

一、加大园区链金融支持力度,建立动态多元的金融服务体系

京津冀科技创新园区链的企业以高新技术企业为主,高新技术企业起步期投入研发和科技创新的资金需求量大,起步期大量的投入能够保障企业进入快速成长期,一旦成功获取的收益也是巨大的。但是收益与风险并存,较大的收益也意味着较大的风险,因此,高新技术企业的发展有赖金融的支持。为了促进科技创新企业的孵化和成长,园区应该建立动态多元的金融服务体系,包括在不同发展阶段提供政府性资金、天使投资、风险投资、创业投资、银行信贷、证券资本等支持,在企业整个生命周期提供保险、担保、小微金融等支持。

一是引入金融全牌照平台,构建全链条科技金融体系。在我国,需要审批的金融牌照主要包括第三方支付、银行、信托、金融租赁、保险、券商、期货、基

金等,分别由央行、银监会、保监会、证监会等部门颁发[①]。科技创新园区应该积极对接金融全牌照平台,引入全牌照金融服务企业构建全链条一站式科技金融服务体系,充分发挥金融全牌照涵盖不同金融业态的优势,为不同类型、不同发展阶段的科技创新企业提供全面系统的金融服务。

二是运用集群融资技术,发挥园区链融资优势。引导园区链中实力较弱的中小型高新技术企业与实力较强的大型企业加强商业合作,实现信息共享,增加园区链中大企业的担保融资业务,由大企业担保帮助中小型企业进行融资,降低融资风险。引导园区链内多个独立企业构成整体作为发债主体进行融资,将多个中小企业组成企业集群,提高资金实力,增加资金规模,满足企业起步期的发展需要。引导独立企业发展互助担保模式,园区链内各相互独立的企业各自拿出一部分资金用来构建互助担保基金,企业间共同承担风险,当这些企业中的一个企业向信贷机构贷款时就能以互助担保基金作为担保,筹集到企业发展所需的资金。

三是营造良好的金融环境,充分利用社会闲置资本。传统的科技创新园区链金融服务模式是政府通过财政拨款、税收减免和资金补贴等优惠政策为企业融资提供支持,政府在科技金融中占据支配地位。京津冀科技创新园区链构建过程中,园区管理机构及当地政府应发挥政府的引导作用,创新金融支持政策,通过健全法律法规体系,营造良好的金融环境,为社会闲置资本的进入解除后顾之忧。同时,为企业提供专业金融培训等园区服务,提高融资效率,鼓励企业尊重经济规律,通过提升自身实力和提高经营业绩来集聚吸纳金融机构投资。

二、畅通园区链信息情报共享渠道,为企业生产组织提供智慧支持

全球化经济一体化的背景下,竞争环境复杂多变,园区作为促进区域经济和产业发展的重要平台,必须做好情报服务,为企业生产组织提供智慧支持,促进园区链产业发展。园区情报服务体系的建立需要充分考虑园区实际情况、园区内产业和企业现状、产业发展阶段等,及时掌握国内外宏观经济走向、产业发展政策、科技开发咨询、市场营销服务、关联市场行情、行业发展动态等实时变化趋势,为园区内企业发展提供决策咨询与信息服务。

一是整合信息资源,提供精准情报服务。大数据时代数据流和信息流广泛存在,运用情报研究方法,完成信息重组,整合情报资源,将情报精准运用在企业研发和创新实践活动中,才能帮助企业抢占市场制高点。信息来源必须足够充分,才能为信息转化为情报提供充足保障。同时也要能够精准高效捕捉情报,在

[①] 王勇. 全牌照经营 改变新金融版图[N]. 上海证券报,2017-03-01(008).

信息的挖掘处理上应用新技术、新手段，为当前创新趋势进行综合预判，提出具有前瞻性、针对性、导向性和综合性的情报应对方案。

二是建立综合信息平台，提供多样化情报服务。在京津冀科技创新园区链建立综合信息平台，全面系统提供技术支持、政策咨询、成果转化等多样化的情报服务。技术情报服务能够指导企业研发新产品、新工艺和新技术，帮助企业在商业行为中获得竞争优势，技术情报包括企业创新发展所需要的技术信息资源及行业其他企业的情报与信息。政府和园区管理机构的政策与措施对企业更快更好发展给予支持，政策咨询情报服务能够防止企业只重生产，对政策与理解出现滞后的盲目性倾向，帮助企业更好应用政策优势来指导企业发展。成果转化情报服务通过对成果转化支持政策的梳理、解读，形成了一定的具有建设性或者针对性的解读报告，为企业创新成果转化提供参考。

三是规范信息处理环节，提供科学情报服务。首先是权威的信息来源。以国内外学术资源数据库作为主要数据来源，保障基础研究分析环节的科学性，以国内外专利数据库作为主要数据来源，保障技术应用分析环节的科学性，其他权威信息来源还包括行业内经济数据库、各种统计年鉴及政府网站公开发布的数据等。其次是科学的数据处理方法。通过权威渠道获得数据后，需要选用合适的数据处理方法与工具进行数据分析，如专利分析法、引文分析法、网络计量法、德尔菲法等。最后是具有针对性的服务模式。根据企业用户的不同需求，选择各不相同的情报供给模式以保证情报服务的有效性，实现信息情报的市场价值。

三、提供全方位、高水平的知识产权服务，实现知识产权价值最大化利用

以创新驱动京津冀科技创新园区链发展离不开知识产权服务，企业从投入研发之前到研发成果产业化之后的创新全过程都需要园区提供全方位、高水平的知识产权服务。园区知识产权服务体系包括专利分析评议、现有技术发展格局及竞争对手的知识产权情况调查等服务，为企业消除研发成果的侵权隐患，使企业能够放心投入研发；也包括专利申请、商标注册、著作权登记等代理服务，帮助企业从容应对市场激烈的创新竞争，促进知识产权成果产业化；还包括知识产权许可、转让、质押融资、维权等服务，为企业实现知识产权成果产业化之后进一步最大化知识产权的价值。

一是搭建知识产权综合服务平台。依托京津冀区域现有的丰富资源，在京津冀科技创新园区链内搭建知识产权综合服务平台，以支撑产业发展为平台服务宗旨，为企业提供知识产权咨询、专利申请和知识产权诉讼等方面的服务，帮助企业建立知识产权管理制度。同时，提升园区知识产权服务能力，在园区链内培育

一批具有自主知识产权的创新企业，加大发明专利申请力度，实施商标品牌战略，促进企业知识产权的发展。

二是成立大学生知识产权实践基地。加强园区链与京津冀区域高校合作，推动高校在园区成立大学生知识产权实践基地，校园、企业和园区共同培养知识产权人才，实现互利共赢。园区企业为高校学生提供实践平台，将知识产权理论讲授与实践操作相融合，提高学生实际应用能力和就业技能；高校发挥雄厚的师资力量优势，以针对性和应用性为导向，根据企业实际需求培养优秀的知识产权人才。

三是以专利导航引领产业发展。"专利导航是通过专利信息数据库进行专利信息分析，并依据数据库的信息资源进行合理的产业规划，为制定产业发展战略、推动产业转型升级指明道路"①。根据园区产业和企业发展的实际需求，制定个性化的专利导航服务内容，以专利信息资源利用和专利分析为基础，把专利运用嵌入产业技术创新、产品创新、组织创新和商业模式创新之中，提升园区企业专利创造、管理、运用的能力。

四是维护知识产权市场秩序。依照法律法规和相关政策，对知识产权市场经营主体和经济市场中知识产权交易及传播活动或行为进行监管，保障知识产权市场运行，维持公平的市场竞争秩序，促进知识产权市场健康发展。知识产权市场监管是园区知识产权公共服务的重要组成部分，应树立服务型监管理念，以行政执法等方式规制知识产权侵权行为和垄断行为，同时以奖励园区知识产权优秀示范性企业的方式激励监管对象自觉遵守市场竞争秩序，保证知识产权市场的活力。

第五节 雄安新区园区链模式的创新思考

雄安新区是京津冀区域未来的中心城市之一，高起点、高标准设计雄安新区园区链，力争树立标杆性的科技创新园区链模式。雄安新区科技园建设前期应结合产业链协同创新模式、科技成果转化发展模式和技术品牌服务输出模式，通过产业链协同创新和科技成果异地转化，为雄安新区科技园奠定产业基础；通过产业链协同创新和技术品牌服务输出，补齐雄安新区科技园的创新要素短板。夯实产业基础、补齐要素短板能够高效提升雄安新区科技园自身持续创新能力，形成创新生态，缩小与中关村科技园的差距，后期可借鉴共建共管共运营模式，实现雄安新区园区链上的全面协作、双轮驱动。

---

① 胡姝阳. 专利导航：开拓知识产权强企之路的"指南针"[N]. 中国知识产权报，2016-11-23（005）.

一、以体制机制创新和政策协同创新打造创新驱动示范园区

有序疏解北京非首都功能是京津冀协同发展的首要任务，对于推动京津冀协同发展具有重要先导作用，雄安新区是疏解北京非首都功能的集中承载地，雄安新区科技园应以创新驱动建设示范园区，在顶层设计上突出体制机制创新和政策协同创新。

在体制机制上，雄安新区园区链机制联动以激发市场活力。政府在合理引导的基础上，充分发挥市场机制在促进雄安新区园区链区域联动上的决定性作用。推动中关村与雄安新区实现高效的融合创新发展，在雄安新区园区建立区域联动发展、跨区域对接协作的专门机构，构建合理、有效的联动发展体制机制，如长效合作交流机制、合作对接治理模式等。以此激发市场主体活力，推动京津冀科技创新园区链的创新型企业及资本参与雄安新区园区建设。

在政策协同上，雄安新区园区链政策联动以强化雄安新区要素吸引力。京津冀在户籍、高考和社会保障等制度方面存在差异，影响了创新要素，尤其是创新核心要素——人才的流动，雄安新区必须打破制度障碍，与北京实行户籍、高考政策一体化和社保对接，以制度保障高端人才就业和生活品质不出现大的落差，以制度引领高端人才涌向雄安新区，使北京疏解的功能和人口在雄安新区落地生根。

二、以产业链协同带动创新要素和高技术企业向雄安集聚

从京津冀三地具体的经济发展定位来看，北京是科技创新中心，天津是全国先进制造研发基地和金融创新运营示范区，河北是产业转型升级实验区[①]。因此，雄安新区园区链的目标是减轻北京的首都城市负荷，重点是加快创新要素和高技术企业向雄安新区集聚。

雄安新区在园区链上的功能分工属高标准、高起点，第二产业以新一代信息技术产业、现代生命科学和生物技术产业、新材料产业等战略新兴产业为发展重点，第三产业以高端现代服务业为发展重点。京津冀区域具有战略性新兴产业和高端现代服务业的发展基础，以及相应的技术、人力、资本和政策等优越要素，区域产业联动发展能迅速提升其国际竞争力。

一方面推动在北京尚处于研发创新阶段的且与首都管理控制中心和科技创新中心职能相关的战略性新兴产业向雄安新区转移、延伸，在雄安新区聚集支持首都功能发挥的功能性产业。另一方面推动北京战略性新兴产业领域的管理、研

---

① 李国平. 京津冀科技协同创新与雄安新区的示范引领[J]. 金融理论探索，2018，（4）：8-11.

发、营销等上游高附加值环节向雄安新区转移或设立分支机构，并带动为这些产业环节提供服务的法律、广告、培训等高端现代服务业向雄安新区延伸布局与扩张发展，从而形成合理的产业区域联动局面。

三、以产学研深度融合打造空间融合、产城一体的开放创新科技园区

雄安新区未来要打造成开放包容的全球创新高地，要实现这一目标，改变现在的京津冀区域科技创新格局，雄安新区园区链必须走融合发展之路。在创新体系上，以市场为引领，发挥园区企业的主体作用，建立产学研融合的综合创新体系；在物质空间上，生产、生活和生态空间融合，生产、生活和服务功能在空间组织上交融，职住均衡发展。产学研融合的创新体系投影到物质空间上，应建立开放共享的园区。

一是产学研融合，创新发展路径。雄安新区处于起步期，难以在短时间内孵化大型高技术创新企业，因此应探索一条以产学研融合为创新主体的创新发展路径，在京津冀科技创新园区链中率先取得突破。首先要充分利用北京疏解的优质科教资源，迁入一批高等院校与科研机构，并鼓励高校和科研机构将教学与科研重心转移至雄安新区。其次要建设高标准科技服务平台，引导和支持发展与科教优势相适应的现代产业体系，激发创新活力。最后要为高校、科研机构和企业营造一个利于合作发展的空间，联合产学研各创新主体的力量，各自发挥优势，最大化利用创新资源。

二是空间融合，产城一体。雄安新区坚持生态优先、绿色发展，统筹生产、生活、生态三大空间，构建蓝绿交织、和谐自然的国土空间格局，园区作为新区的重要功能空间，应以产城一体、职住均衡为原则组织生产、生活和服务功能，公用设施和公共服务设施建设是空间融合的基础。一方面，产业功能与城市功能空间融合，园区金融服务等高端服务业与城市配套服务业同步完善，支撑产业优化升级；另一方面，外部与内部交通空间融合，通过高速公路、铁路、水路及轨道交通使园区与外部连接畅通无阻，同时在园区内部规划合理的主干路、公共交通和慢行交通相结合的交通系统。

三是产学研空间融合，开放共享。高校是产学研融合的核心主体之一，高校校园的空间布局应体现开放性和共享性。一方面，对外开放共享，体育馆、图书馆等场馆的布局与市民和社区保持接触，与生产联系紧密的功能建筑规划设计和布局以市场为导向，保持弹性和动态；另一方面，大学内部各学科之间不应是割裂孤立，而应是彼此之间能够相互有机联系的，大学内部教学和生活空间也不是完全独立的，教学与生活设施、不同学部学科之间的布局应做到分区中有融合，

融合中有分区，既不互相干扰影响效率，也不完全割裂妨碍交流。

四、以优质公共服务和园区服务打造高水平、国际化科技园区

京津冀科技创新园区链中，京津地区公共服务水平高，河北公共服务水平存在落差，雄安新区既是京津冀区域中心城市，也是河北的一级中心城市，园区建设中应注重对接京津的优质科教文卫体资源，以人文本，注重保障和改善民生，建设优质共享的公共服务设施，打造宜居宜业的现代化产业新城，同时辐射带动河北各园区补齐公共服务短板。

一是提供高标准、高质量的教育和医疗服务。根据园区人口规模和年龄结构适当超前规划高标准配置教育和医疗服务设施。创新管理模式，对接京津乃至国内外的优质基础教育资源和医疗卫生资源，在园区创办一批高水平的教育和医疗综合体。保障教育设施和医疗设施合理布局，确保幼儿园、小学、初中和高中以合理的布局实现园区全覆盖，确保基层医疗设施和专科医院均衡配置。

二是提供多层次、多样化的文化和体育服务。满足园区人才的精神文化需求，鼓励社会资本投资建设电影院、音乐厅、影剧院、图书馆、美术馆和博物馆等各类文化服务设施，在居住区、居住小区和居住组团配置综合文化站和文化服务中心等各级文化设施。满足园区工作者和居民的生理健康需求，充分利用开敞公共空间和各类公共服务设施场地配置体育健身设施，开展全民健身活动，构建全民健身体系。

三是创新住房制度，建立新型住房保障体系。坚持"房子是用来住的、不是用来炒的"的定位，在雄安新区园区试点创新住房制度，探索多元住房保障体系，在京津冀科技创新园区链复制推广。以交通为导向合理确定开发强度，在轨道交通站点等交通节点集中布置相对较高密度的居住用地，并配套建设商业服务设施和公共服务设施。

五、以物联网和人工智能打造面向未来的智慧园区

《河北雄安新区规划纲要》中提出要"同步规划建设数字城市，筑牢绿色智慧城市基础"，智慧园区是建设智慧城市的发展需要，雄安新区应当引领京津冀科技创新园区链的智慧园区建设模式的探索，通过广泛应用现代科学技术，提升园区的服务质量和管理效率。雄安新区智慧园区建设应当坚持以人为本，满足园区工作者和居民的物质生活、精神生活需求，同时在京津冀科技创新园区链中主动承接北京非首都功能疏解，起到优化京津冀产业结构和区域布局的作用。

一是应用物联网技术搭建园区"神经网络"。物联网"是信息空间与物理空间的融合，将一切事物数字化、网络化，在物品之间、物品与人之间、人与现实环境之间实现高效信息交互方式，并通过新的服务模式使各种信息技术融入社会行为"①。应用物联网技术搭建信息共享平台，实现智慧园区的管理和服务，将为园区树立品牌效应，吸引更多新兴战略产业企业入驻，带动园区经济高质量发展。例如，园区管理机构能够利用物联网信息共享平台建立智慧安防系统，将覆盖全园区的视频监控系统与入侵报警联动，智能启动应急预案，及时处理事件，保障企业资产和人员安全。企业可以将桌面云应用程序、内部通信和呼叫中心等必需信息服务外包给园区物联网信息共享平台，此外，共享平台还能为企业提供前沿的融合会议及信息驿站的智慧服务，企业无须再单独组织人力、财力、物力进行信息化建设，企业运营的资金和时间成本都将有效缩减。

二是应用人工智能技术提升园区运行效率。人工智能的终极目的是掌握智能的根本实质，从而生产出一种全新的能以与人类智能相似或相近的方式快速做出反应的智能机器②。人工智能渗透到智慧园区的建设、管理和运营的各个领域，为推动园区科技进步和产业发展发挥了巨大的作用，尤其是人工智能领域中图像识别技术在智慧园区管理中发挥着重要作用。例如，步态识别技术应用于视频监控领域，在社会治安、案件侦查中可以快速锁定嫌疑人，在财产安保系统中可以通过物品内的传感器判断来人是否会对物品构成威胁从而判断是否触发警报；人脸识别应用于金融领域，刷脸支付相比于二维码等支付方式具有唯一性，能够提高园区的金融安全性。

第六节 本章小结

本章的对策建议研究从具有引导作用的政策层面出发，然后以园区链的功能链和产业链两大基础为抓手，其中产业链是园区链发展的核心，功能链为产业链的发展提供支撑，功能链包括公共服务和园区服务两个平行层面，公共服务以园区工作者为服务对象，为园区工作者提供生活服务，园区服务以园区企业为服务对象，为园区企业提供生产服务。最后紧扣雄安新区发展大计，提出雄安新区园区链发展模式的创新思考。

政策层面的对策建议以创新和协同为目标，同时满足园区资源利用与配置和

---

① 孙其博，刘杰，黎羴，等. 物联网：概念、架构与关键技术研究综述[J]. 北京邮电大学学报，2010，33（3）：1-9.

② 徐卓函. 大数据时代人工智能的创新与发展研究[J]. 科技资讯，2015，13（33）：30-31.

保护生态环境的需要。创新管理体制和工作机制是科技创新园区链协同发展的动力之源,建议理顺京津冀科技创新园区链上各园区之间、园区与企业、园区与地方政府的关系。人才是创新的基础,是制约发展的瓶颈,建议制定从引进到培育和管理全方位全过程的人才政策。土地资源是园区链产业落地的基础,建议综合考虑园区土地资源的压力,因地制宜制定土地资源利用政策,进行有效的土地资源管理。优良的生态环境是园区工作者和居民身心健康的保障,建议从京津冀区域全局推动环境治理。政策协同推动政策落实,建议从纵向、横向、内外和区域四个角度推动政策协同。

公共服务层面的对策建议以人为核心。首先,建议住房供应坚持两条腿走路,稳定商品房合理房价的同时提高政府保障性住房供给。其次,有了房屋之后再考虑家庭、子女,重中之重是子女的教育,园区工作者子女的教育服务以均等、优质和便利为原则。再次,身体是革命的本钱,必须为园区工作者提供良好的医疗保障,建议充分利用京津的优质医疗卫生资源,提升下游园区的医疗服务水平。最后,每个人不仅是自然人也是社会人,社会交往空间不易获取,尤其是对于科技创新工作者更是如此,建议在园区空间和功能组织上促进公共交往活动,促进信息交流和知识溢出。

产业层面的对策建议从横向产业结构和纵向产业链同时切入。京津冀科技创新园区链产业结构优化升级是提升国际竞争力,在全球合作与竞争中占据有利地位的必然选择,建议从传统产业、新兴产业和特色产业三个方面促进京津冀科技创新园区链产业结构优化升级。产业链关联关系内在要求产业链的延伸必须突破地域空间限制,获取区域比较优势,建议京津冀科技创新园区链的各条产业链结合发展现状和市场需求向上下游延伸。

园区服务层面的对策建议注重为园区企业发展提供支撑。资本要素的投入对科技创新企业孵化和成长都至关重要,建议建立动态多元的金融服务体系,为处在不同发展阶段的企业提供各种类型的金融支持。信息情报服务是企业生产组织的智慧支持,建议从园区企业情报需求出发,为园区内企业提供科学、精准、多样的信息情报服务。京津冀科技创新园区链实施创新驱动发展战略离不开园区知识产权服务,建议为企业从投入研发之前到研发成果产业化之后的创新全过程提供全方位、高水平的知识产权服务。

雄安新区是京津冀区域未来的中心城市之一,也是京津冀区域创新发展的主要承载地,雄安新区园区链应综合多种科技创新园区建设模式的优势,根据建设时序借鉴不同模式,以树立标杆性的科技创新园区链模式。雄安新区园区链模式创新的关键在于以下几点:一是在顶层设计上突出体制机制创新和政策协同创新,打造创新驱动示范园区;二是以产业链协同带动创新要素和高技术企业向雄安新区园区集聚;三是改变现在的京津冀区域科技创新格局,从产学研融合、功能和物质空间融合、产学研实现空间融合的角度建设融合发展的园区链；四是引入北京和天津的优质科教文卫体资源，以优质公共服务和园区服务打造高水平、国际化科技园区；五是面向未来，广泛应用物联网技术和人工智能技术支持智慧园区建设。

第七章 研究总结与展望

从以上各章论述可以看出京津冀科技创新园区链建设的理论与实践，京津冀一体化是党和国家的重要部署，从 2014 年首次提出到如今已有六年。党的十八大以来，习近平总书记到京津冀考察调研 6 次，主持召开相关会议 9 次，京津冀一体化发展进程已进入新阶段。新的发展阶段有新的任务，科技创新园区链建设就是京津冀一体化深入的新挑战之一，是一段时间内京津冀一体化的重要内容。

第一节 研究总结

一、京津冀科技创新园区链建设的发展基础

在京津冀一体化发展不断深化的战略背景下，作为经济增长关键支撑、社会发展重要领域、要素流通重要形式、体制机制改革基本内容的三地科技创新领域协同发展已经成为新时期的重要内容，建设京津冀科技创新园区链是京津冀协同发展国家战略的紧迫需求，也是建设雄安新区的重要途径，还是提升区域整体科技创新水平的重要举措。

区域科技创新园区链建设涉及多种理论基础，区域分工协作理论认为不同区域基于各自的条件和外部环境，在发挥自身优势的前提下进行产业和产品生产方面的分工和协作，是社会经济活动在地域空间上的有机结合，需要从区域分工的外部性、要素禀赋的差异性、比较优势的可创造性三个方面考虑科技创新园区链建设；科技创新理论认为创新是建立一种新的生产体系，这个体系把生产要素和生产条件重新组合，强调创新活动的复杂性、技术与经济的融合过程和创新主体之间的交互性三个特性；产业集聚和扩散理论认为任何区域的全部产业从整体上都要求组成一个规模适当、结构合理和联系密切的产业聚集地，才能最大限度地取得集聚的经济效益，提供了从产业结构出发解析科技创新园区链建设的思路；

都市圈理论认为都市圈是由一个或多个核心城市,以及与这个核心城市在空间上具有紧密联系、在功能上有机分工,并且具有一体化倾向的临近城镇与地区组成的圈层结构,都市圈理论为科技创新园区链建设打破属地管理,形成分工合作、优势互补的协同发展局面提供指导;治理理论则认为政府不是国家唯一的权力中心,需要多主体协同治理,借鉴治理理论,区域科技创新园区链需要政府、企业和科研机构共同参与治理。

结合各种理论,区域科技创新园区链在市场规律和政府引导等多重因素作用下形成并不断发展,地理区位条件、法规政策环境、产业发展情况、社会文化环境、政产学研合作水平、园区建设情况等是科技创新园区链形成和发展的主要影响因素。其中,地理区位条件是科技创新园区链形成的基础性影响因素,法规政策环境、产业发展情况、社会文化环境是激发科技创新系统活力,进而达到提高区域科技创新能力的关键影响因素,政产学研合作包含政府、企业、高校、科研机构等多个主体,政产学研合作水平是科技创新园区链发展的直接影响因素,园区建设情况是科技创新园区链形成的物质基础,直接影响着园区链发展所能达到的规模和水平。

通过对美国波士顿 128 公路、美国硅谷、德国鲁尔区,以及我国广深科技创新走廊、长三角地区创新园区链的发展历程、发展现状、发展模式的分析,发现不同地区园区链建设发展的原因不同,但是整体而言,科技创新园区链建设一方面离不开"有为政府"作用的发挥,另一方面离不开"有效市场"活力的激发,要在党政规划下,协同各主体共同发挥力量。

二、京津冀科技创新园区链建设的发展情况

具体到京津冀科技创新园区链建设,京津冀科技创新园区链最初目标是以中关村科技园为中心,形成"4+N"格局,随着雄安新区的设立,为构建京津冀科技创新园区链提供了空间支持,与北京城市副中心一起构成了北京的"两翼",将原有的格局变成了"2+4+N"乃至"2+4+46","2"是围绕北京城市副中心及河北雄安新区,增强北京新的"两翼"高端产业吸引力。"4"是集中力量打造的四大战略合作功能区,即天津滨海-中关村科技园区、河北曹妃甸协同发展示范区、北京新机场临空经济合作区、河北张承生态功能区。"N"(46)是指合力打造一批高水平创新平台和专业化产业合作平台,目前共涉及协同创新平台 15 个,现代制造业平台 20 个,服务业平台 8 个,农业合作平台 3 个。目前京津冀科技创新园区链上已建设部分典型园区,如天津-滨海中关村科技园、北京中关村曹妃甸高新技术成果转化基地、保定·中关村创新中心、雄安新区中关村科技园等。

整体来看，随着京津冀一体化深入发展，京津冀科技创新园区协同发展的园区链建设也不断加强，三地联合发展，京津冀科技创新园区链建设已有初步成效，但是距离理想状态仍有距离，当前面临的关键制约因素就是创新要素跨区域流动障碍、行业监管转换不顺畅、共享机制不明晰三个方面。

首先在创新因素跨区域流动障碍上，创新要素主要包括人才、技术、资金三个方面，此外还涉及品牌、设施等，主要包括城市基础设施和公共服务、产业发展结构、交通条件等方面的原因，破解思路上，一是加大对河北的扶持力度，给予私营企业更多空间，加强三地公共服务共享，缩小京津冀三地城市基础设施与公共服务水平差距；二是明确产业结构，通过科学研判，确定各地产业布局情况；三是完善京津冀跨区域交通服务，实现主要城市、主要园区交通全覆盖。

其次在行业监管转换不顺畅上，行业监管转换不顺畅分为两个类型，第一种是跨区域监管规定差异，第二种是跨区域有统一监管规定，但是执行条件、执行程度和隐性要求等区别比较大，具体原因有法律体系还不健全、属地管理的灵活性不足、地方政府服务水平不足。破解思路上，一是要健全立法体系，在京津冀地区主要产业上实现监管制度三地相通；二是要给予更多地方监管协调自主权，自下而上逐步打破监管属地性；三是要提高政府服务意识和水平，加快京津冀地方政府治理体系和治理能力现代化。

最后是京津冀科技创新园区之间还存在共享机制不明晰的问题，共享机制不明晰主要包括税收、技术、人才和产权四个方面，原因包括法律授权不足、管理层级多、低层级协调机制不健全和地方政府间的竞争仍然突出等方面。破解思路上，一是要中央整体布局进行法律授权，下放权限，加强监管；二是要减少管理层级，给予管委会之间更多权限；三是要建立京津冀科技创新园区联盟体系，拓宽园区管委会沟通平台，建立管委会立体结构协调机制；四是要将京津冀园区链建设纳入地方政府考评，减少地方政府竞争阻力。

三、京津冀科技创新园区链建设的发展模式

针对京津冀地区的独特情况，京津冀科技创新园区在实践中形成了独特的模式。

第一种是共建共管共运营发展模式，以天津-滨海中关村科技园科技创新园区链为代表，共建共管共运营发展模式的显著特色是工作机制创新，主要体现在两地共同完成建设任务、共同组建领导机构进行管理、共同经营创造效益。通过共同推动政策落地实施、共同组建领导机构进行管理、共同参与经营过程实现园区链建设。

第二种是技术品牌服务输出发展模式，以保定·中关村创新中心科技创新园

区链为代表,位于科技创新园区链技术品牌服务输入端的园区由来自输出端园区的专业团队运营,以优质高效的服务保障技术和品牌的植入。一方面,专业团队建立起完善的创新服务体系,确保了技术和与之相关的高端人才、创新文化的输入;另一方面,专业团队搭建的创新服务平台,为品牌输出提供了支持。

第三种是产业链协同创新发展模式,以石家庄(正定)中关村集成电路产业基地科技创新园区链为代表。产业链协同创新发展模式的显著特色是科技创新园区链上先进园区的优势产业资源的定向导入,并以此驱动提高后发园区集聚资源和高端产业的能力,引导科技创新园区链上各园区产业领域协同布局,打造跨区域协同创新共同体,推动共同发展。产业链协同创新发展模式充分把握科技创新园区链上产业领先的园区的先发优势,在后发园区精准规划产业链,从产业链的核心产业出发引进重点企业,奠定产业价值创新链生态基础,实现全产业链整体创新发展。

第四种是科技成果转化发展模式,以北京中关村曹妃甸高新技术成果转化基地科技创新园区链为代表。科技成果转化发展模式的显著特色是产学研跨区域协同创新,在该模式下,科技创新园区链的成果转化承接端园区将成为成果研发端园区高新技术成果跨区域的"飞地",建设技术成果转化基地是成果转化承接端园区培育新兴战略产业的核心环节,必须完善工作推进机制,全力扶持"飞地"发展。科技成果转化发展模式下,政府充分发挥统筹和资源配置能力,通过政策环境、政策层面的对策建议以创新和协同为目标,同时满足园区资源利用与配置和保护生态环境的需要。

四、京津冀科技创新园区链建设的发展方向

创新管理体制和工作机制是科技创新园区链协同发展的动力之源,建议理顺京津冀科技创新园区链上各园区之间、园区与企业、园区与地方政府的关系。人才是创新的基础,是制约发展的瓶颈,建议制定从引进到培育和管理全方位全过程的人才政策。土地资源是园区链产业落地的基础,建议综合考虑园区土地资源的压力,因地制宜制定土地资源利用政策,进行有效的土地资源管理。优良的生态环境是园区工作者和居民身心健康的保障,建议从京津冀区域全局推动环境治理。政策协同推动政策落实,建议从纵向、横向、内外和区域四个角度推动政策协同。

公共服务层面的对策建议以人为核心。首先,是居者有其屋,建议住房供应坚持两条腿走路,稳定商品房合理的房价同时提高政府保障性住房供给。其次,有了房屋之后再考虑家庭、子女,重中之重是子女的教育,园区工作者子女的教育服务以均等、优质和便利为原则。再次,身体是革命的本钱,必须为园区工作

者提供医疗保障，建议充分利用京津的优质医疗卫生资源，提升下游园区的医疗服务水平。最后，每个人不仅是自然人也是社会人，社会交往空间不可获取，尤其是对于科技创新工作者更是如此，建议在园区空间和功能组织上促进公共交往活动，促进信息交流和知识溢出。

产业层面的对策建议从横向产业结构和纵向产业链同时切入。京津冀科技创新园区链产业结构优化升级是提升国际竞争力，在全球合作与竞争中占据有利地位的必然选择，建议从传统产业、新兴产业和特色产业三个方面促进京津冀科技创新园区链产业结构优化升级。产业链关联关系内在要求产业链的延伸必须突破地域空间限制，获取区域比较优势，建议京津冀科技创新园区链的各条产业链结合发展现状和市场需求向上下游延伸。

园区服务层面的对策建议注重为园区企业发展提供支撑。资本要素的投入对科技创新企业孵化和成长都至关重要，建议建立动态多元的金融服务体系，为处在不同发展阶段的企业提供各种类型的金融支持。信息情报服务是企业生产组织的智慧支持，建议从园区企业情报需求出发，为园区内企业提供科学、精准、多样的信息情报服务。京津冀科技创新园区链实施创新驱动发展战略离不开园区知识产权服务，建议为企业从投入研发之前到研发成果产业化之后的创新全过程提供全方位、高水平的知识产权服务。制度环境和设施环境三个方面同步建设为创新生态提供了保障。

第二节 研究展望

京津冀一体化是一次顶层设计与"摸着石头过河"相结合的伟大实践，自2014年提出以来，京津冀发生了诸多变化，雄安新区宣布成立，北京城市副中心的建设正式启动，协同发展进程不断深化。2017年10月18日，中国共产党第十九次全国代表大会在北京开幕，十九大报告提出了中国发展新的历史方位——中国特色社会主义进入了新时代[①]。京津冀一体化进程也进入新时代，京津冀科技创新园区链建设作为新时代的新任务，需要京津冀在协同发展中实现。

一、京津冀科技创新园区链发展展望

京津冀一体化发展到新的历史阶段，京津冀科技创新园区的未来发展也会进

---

① 习近平. 决胜全面建成小康社会 夺取新时代中国特色社会主义伟大胜利——在中国共产党第十九次全国代表大会上的报告[M]. 北京：人民出版社，2017.

一步加强。

第一，目标与要求的调整，目前京津冀科技创新园区链建设主要还是以加强环渤海及京津冀地区经济协作为目标，以疏解北京非首都功能为重要抓手，随着雄安新区和北京城市副中心的发展，均衡化发展逐步成为京津冀一体化发展的新目标，科技创新园区链建设要融合均衡化发展理念，从京津冀三地整体出发，改变理念。

第二，在结构调整方向上，新的背景要求新的结构发展，京津冀科技创新园区链要进行结构性调整，要从以中关村科技园为核心的放射状结构逐步转换成多元连接结构，要从以北京为中心带动各地发展转换成各地互联互通发展，特别是要加强天津与河北科技园区链的建设，促进结构调整。

第三，在整体思路上，要继续将顶层设计与"摸着石头过河"相结合，但是要更加突出顶层设计的地位。目前京津冀科技创新园区链建设主要依靠"摸着石头过河"，各地都在尝试阶段，缺乏整体的顶层设计与规划，在新的阶段要整合之前的实践经验，在京津冀地区实现顶层设计的指导地位，将科技创新园区链建设规范化。

第四，在制度建设上，在新阶段要逐步形成三地共同的制度建设，完善法律体系，加快规范化的进程，形成完整的法律制度体系，让三地基层单位进行科技园区链建设工作时有法可依。一方面三地需要整理国家、部委和三省市的已有党规和法律文件；另一方面需要完成对法律空白处的补充。

第五，在行政体制上，要继续破解属地管理难题，在行政领域实现三地协同，逐步实现相关政策、制度方面的统一，真正实现京津冀在科技创新园区链建设的协同。改革开放以来，许多改革进程都是基层试点后形成制度建设，在当前园区链建设形成模式之后逐步形成制度建设。

第六，在参与主体上，要加强多主体融入，国家治理体系和治理能力现代化要求社会治理形成党委领导、政府负责、社会协同、公众参与、法治保障的体制，在政府、管委会推动基础上，要充分发挥党组织的领导作用，激发企业自身的主观能动性，推动科研和高校力量的融入与整合，拓宽个人参与的途径，真正实现多元主体的协同共进。

第七，在自主权上，在要逐步给予地方更多自主权，在法律允许的范围内，让三地单位能够有更多自主权，让各园区之间进行协调时能够有更多空间，促进协同发展。

二、京津冀科技创新园区链模式展望

经过各园区的协同，目前已经形成了共建共管共运营发展模式、技术品牌服务输出发展模式、产业链协同创新发展模式和科技成果转化发展模式四种主要模式，但是仍然有三个主要问题：一是目前四种模式程度还没有深入，需要进一步深化四种模式建设；二是目前京津冀科技创新园区链建设模式创新还不足，还需要进一步探索；三是目前主要是两个园区之间的园区链建设，缺乏多个园区之间的园区链建设。

（一）深化四种模式

目前京津冀科技创新园区链建设的四种模式都有典型案例，但是模式还不够成熟，需要进一步完善。具体来看四种模式，共建共管共运营发展模式还需要完善双重领导的权限界限确定、协调机制等；技术品牌服务输出发展模式还需要深化输出发展方式，需要进一步探索如何让技术品牌输出形成好的效应，解决目前挂名之后缺乏后续动力的问题；产业链协同创新发展模式还需要加强产业协同，细化产业链结构；科技成果转化发展模式还需要明晰政产学研的关系，特别是跨区域的协同方式和产权问题关系确定等问题需要进一步明晰。

（二）模式创新探索

科技创新园区链建设在世界范围内有许多探索，目前一些运作良好的模式可以在中国试点，科技创新园区链建设的基础因素其实有很多种类型，体制因素、产业因素、技术因素、品牌因素在京津冀地区已经显现，但是交通因素、地形因素、企业因素、资源因素等也可以作为园区链建设的基础，如美国波士顿128公路地区创新园区链模式就是以交通、地形为依托建立园区链，对京津冀地区而言，可以以高铁沿线、海岸线港口等为依托进行园区链建设。

（三）多园区链建设

目前京津冀科技创新园区链的建设多是在某两个园区之间，而且集中在中关村科技园区与其他科技创新园区之间，缺乏多个园区之间的园区链建设。在新的阶段，科技创新园区链要逐步开始建设自己的网络体系，打破单个园区之间的协同，特别是加强天津与河北之间的园区链建设，形成多个园区之间的网状结构。

三、京津冀科技创新园区链研究展望

（一）理论建设

科技创新园区链建设到如今主要是"摸着石头过河"的实践经验，虽然本书已经梳理了理论渊源，但是关于具有中国特色的园区链建设理论还有待进一步

研究。园区链建设作为一个复合型学科问题，涉及经济学、管理学、政治学等多个学科，特别是中国园区链建设理论需要园区链理论与中国特色社会主义理论相结合，关于园区链建设的一般理论及中国特色理论是之后理论建设的重点研究方向。

（二）路径研究

科技创新园区链建设发展到现在，形成了一些典型案例、典型模式，但是科技创新园区链建设的路径研究还需要进一步总结，路径包括科技创新园区链建设的目标、科技创新园区链建设的理想状态、科技创新园区链建设的方法理念、科技创新园区链建设的主要缺陷、科技创新园区链建设的地区研究、科技创新园区链建设的类别研究、科技创新园区链建设的其他领域影响（如政治、社会）等。科技创新园区链建设的路径研究将成为之后科技创新园区链建设研究的主要方向。

（三）法治研究

科技创新园区链建设的研究需要进一步结合法治基础，目前在实践中遇到的重点问题就是在科技创新园区链的建设中缺乏制度基础和法律基础。十八届四中全会提出"全面依法治国"以来，法治成为中国各项实践活动中不可回避的问题，科技创新园区链建设的法治研究将在一段时间成为实践需求的重点研究问题。科技创新园区链建设的法治研究包括科技创新园区链的法律制度基础问题、法律执行问题、法律诉讼及申诉问题、法律的惩罚问题、隐性规则等其他法治相关问题。

附录1　京津冀协同创新产业园区企业发展现状调研

您好！我们是"京津冀科技创新园区链构建模式与路径研究"课题组，正在进行京津冀地区协同创新产业园区的调研，感谢您能在百忙之中参与我们的问卷调研，我们会对您的个人信息保密，感谢您的合作！

1. 您所在的园区名称 [单选题]

    ○天津滨海-中关村科技园

    ○北京中关村曹妃甸高新技术成果转化基地

    ○保定·中关村创新中心

    ○雄安新区中关村科技园

    ○其他 _____

2. 您所在的企业名称 [填空题]

    _____

3. 您目前在企业中的职位 [单选题]

    ○普通员工

    ○基层管理人员

    ○中层管理人员

    ○高层管理人员

4. 您所在的企业所处的行业门类 [多选题]

　　□电子信息

　　□化工

　　□机械制造

　　□生物医药

　　□新能源

　　□新材料

　　□纺织

　　□食品加工

　　□物流仓储

　　□其他 _____

5. 您所在企业与园区内其他企业之间的竞争关系如何 [单选题]

　　○恶性竞争

　　○合作竞争

　　○合作共赢

　　○其他 _____

6. 您所在的企业能否与园区内其他企业合作发展，发挥协同效应 [单选题]

　　○非常好，园区提供了极大便利

　　○一般，寻找合作企业比较困难

　　○很难，园区内没有上下游企业

7. 您所在的园区内企业协同创新现象普遍吗 [单选题]

    ○非常普遍

    ○一般

    ○基本没有

8. 您认为您所处的园区存在哪些问题 [多选题]

    □产业定位和规划不明晰

    □园区内企业间协同效应不明显

    □园区内基础配套设施不完善（如交通、场地等）

    □缺乏主体产业及主干企业

    □园区内外资源没有充分协同

    □管理体制不规范

    □行政审批手续烦琐

    □人才政策不完善

    □其他 _____

9. 您认为您所处的园区有哪些优势 [单选题]

    ○交通便利

    ○人才政策优厚，便于引入人才

    ○政府对企业扶持力度大，政策倾斜

    ○基础设施完善

    ○产业定位明确，企业合作共赢，协同效应显著

    ○园区内外资源对接顺畅，协同效应显著

○管理规范

○其他 ＿＿＿＿＿＿＿＿

10. 您所在企业选择入驻园区是什么标准 [多选题]

□园区的基础配套设施

□园区对企业的政策支持（土地租金、税务政策等）

□园区内企业间是否可以发挥协同效应

□园区的主导行业

□园区的人才政策

□其他 ＿＿＿＿＿＿＿＿

11. 您所在企业最需要园区提供什么服务 [多选题]

□园区配套设施

□教育培训

□人才引进招聘

□法律政策咨询

□投融资服务

□其他 ＿＿＿＿＿＿＿＿

12. 您所在企业与其他企业、高校、科研机构是否建立合作关系 [单选题]

○已经建立长期合作关系

○没有建立

○刚开始建立

13. 您所在企业与高校协同创新的形式主要有 [多选题]

　　□委托开发

　　□建立培训基地

　　□共享实验室大型设备

　　□聘请专家在企业研究部门任职

　　□依托高校、科研院所设立研究机构

　　□其他 _____

14. 您所在企业与其他企业协同创新的形式 [多选题]

　　□合作开展产品开发改进

　　□合作开展产品推广

　　□联合采购新产品新技术

　　□技术人才交流

　　□其他 _____

15. 您所在企业有哪些资源在京津冀地区流动 [多选题]

　　□人才

　　□技术

　　□资金

　　□其他 _____

16. 您所在企业是否经常与京津冀地区其他科技园区企业开展协同创新 [多选题]

　　□是的，经常协作

　　□比较少协作

□不确定

17. 您所在企业的上下游企业是否在京津冀地区有分布，是否经常有协作 [单选题]

○有分布，经常协作

○有分布，但很少协作

○没有分布，所以无法协作

18. 您所在企业开展协同创新的制约因素有哪些 [多选题]

□专家指导

□技术人才的引进

□融资贷款

□与高校、科研院所的沟通交流渠道

□其他 _____

19. 您认为京津冀协同发展对您所在的企业有什么影响 [多选题]

□市场更加广阔

□城市配套服务更加完善

□高科技人才流动性增强

□资源配置更加便利

□同行业竞争更加激烈

□其他 _____

20. 您对您所处的园区更好为企业协同创新服务有何建议 [填空题]

_____

附录2　政府部门与业界专家访谈提纲

1. 政策问题

科技部门对于支持科技创新园区链发展制定了哪些政策？这些政策的实施情况如何？阻碍园区链政策实施的最大影响因素是什么？

2. 管理体制问题

科技部门对于科技创新园区的管理权限是怎样的？此外，单位和部门对园区的管理权限是怎样的？管理权重如何划分？

3. 协同创新问题

京津冀科技部门之间的协同创新情况如何？创新要素的跨区域流动情况如何？有哪些比较典型的案例和项目？京津冀协同创新哪些方面还需要加强？

4. 利益分配机制问题

园区内企业税收是如何进行利益分配的？技术转移时政府在税收、产权等方面的利益分配机制如何？有哪些创新性举措？

5. 行业监管问题

对技术转移后产生的监管问题是如何进行权限划分的？在行业监管方面还存在什么问题？

6. 科研成果转化率问题

园区内企业、高校和科研院所的科研成果转化率如何？有什么阻碍因素？

7. 经验借鉴问题

区域范围内的园区链建设有没有借鉴过国外或国内的经验？有哪些创新的举措值得学习和实施？

8. 未来发展问题

未来科技创新园区链的打造有什么新思路？如何进一步推动园区链发展？

附录3 科技园区负责人访谈提纲

1. 园区选址及基础设施建设问题

园区为什么最初选择在此地建设？有什么地理区位优势？园区周边的生活配套设施情况如何？

2. 战略规划问题

园区的发展思路是怎样的？园区最早的规划定位在发展过程中有无变化？

3. 管理体制问题

园区现在由哪些单位管理？分别有哪些管理权限？各权限之间是否有冲突？现在有什么样的协调机制？发挥作用的效果如何？

4. 协同创新问题

跨园区协同创新的情况如何？与其他园区有合作吗？园区之间是如何进行合作的？有什么合作方式？有哪些典型的合作项目？希望与京津冀其他科技园区加强哪方面的合作？

5. 利益分配机制问题

园区内企业税收是如何进行利益分配的？技术转移时政府在税收、产权等方面的利益分配机制如何？

6. 产业布局问题

本园区产业布局情况是怎样的？与该地区其他园区有哪些重合的地方？与同一园区不同分园有没有重合的地方？该园区的主导产业发展如何，是否与京津冀其他科技园区存在产业关联？未来的产业布局规划是什么样的？

7. 科研成果转化率问题

园区内企业、高校和科研院所的科研成果转化率如何？有什么阻碍因素？

8. 人才问题

目前园区内人才引进情况如何？园区内企业人才需求能否得到满足？

9. 项目问题

园区近期有哪些重点项目？园区的重点项目对园区发展的带动作用如何？（对园区发展的税收贡献、人才吸引、相关产业的带动）

10. 政策问题

您觉得目前园区发展在哪些方面需要政策支持（人才引进、税收优惠、宏观政策等）？之前的政策落实情况如何？

附录4 日本文部科学省官员访谈提纲

一、筑波科学城建设背景与发展状况

1. 国家科技创新体系

· 请简要介绍日本的国家科技创新体系。在此创新体系中,有哪些主要的创新驱动要素?

· 如何评价通过设立科技园区带动区域和产业创新发展的模式?有何利弊?

2. 建设背景与建设定位

· 请问筑波科学城的建设背景是什么?建设初衷和建设目标是什么?

· 从建设定位来看,筑波科学城与其他科技园区的定位有何不同?它们之间的关系如何?有哪些合作方式?效果如何?

3. 发展历程与发展状况

· 筑波科学城的发展历程经历了哪几个阶段?有哪些战略的调整?有哪些发展的阻碍因素?

· 筑波科学城的发展状况如何?对建设初衷和建设目标的实现度如何?

· 如何评价以筑波科学城为例的政府主导模式?这种模式与市场主导模式、高校科研机构主导模式和政产学研协同模式相比,有哪些优势和不足?

二、筑波科学城及园区发展

1. 园区整体布局与相互关系

· 筑波科学城建设的总体思路和园区布局如何?各园区的定位如何?园区之间的关系如何?园区管理体制是怎样的?

· 园区最早的规划定位在发展过程中有无变化?变化原因是什么?

2. 产业布局

· 5 个园区的产业布局情况是怎样的？园区之间是否有产业布局重合的地方？每个园区内主导产业的发展状况如何？未来的产业布局规划是什么样的？

3. 政策制度

· 日本文部科学省为支持筑波科学城发展制定了哪些政策？有哪些政策创新和亮点？政策落实情况如何？阻碍政策实施的影响因素是什么？

· 筑波科学城对于内部 5 个园区有哪些科技创新支持政策？这些政策的实施情况如何？阻碍政策实施的影响因素是什么？

· 您认为目前科学城和园区还需要哪些政策制度的支持和创新（人才引进、税收优惠、宏观政策等层面）？

4. 科研成果转化

· 园区内企业、高校和科研院所的科研成果转化率如何？有什么阻碍因素？

· 如何解决科技成果转化难、转化慢的问题？

5. 人才引进

· 目前园区的人才引进情况如何？园区内企业的人才需求能否得到满足？

· 在筑波科学城的发展中，筑波大学起到的作用如何？如何推动高校与园区内其他科研机构、企业之间的交流合作与协同创新？

6. 重点项目

· 园区自建设以来有哪些重点项目？近期有哪些重点项目？园区的重点项目对园区发展的带动作用如何？（对园区发展的税收贡献、人才吸引、相关产业的带动）

7. 经验与教训

· 筑波科学城建设是否借鉴了国外或国内的经验？

· 您认为筑波科学城得以发展壮大最重要的因素是什么？有哪些成功经验值得借鉴？存在哪些发展问题？如何引入市场机制？如何改进园区发展？

8. 未来发展

· 筑波科学城的未来发展有什么新思路？如何进一步推动园区之间的协同合作与创新？

· 您对于园区未来的发展有哪些建议？